2025 実戦攻略
大学入学共通テスト問題集

# 公共，倫理

**解答編**

実教出版

# 第1編　倫理

## 第1章　自己形成と自己の生き方

**1**　正解は②

**マージナル・マン**（**境界人**）とは，複数の異質な社会集団に属し，そのいずれの文化にも十分に所属することができない境界的な人間のこと。**レヴィン**は，青年をマージナル・マンとしてとらえた。

① 「退行」とは，「防衛機制」の一つ。本冊 p.6「要点整理」の⑥防衛機制の項目を参照。

③ フランスの歴史学者**アリエス**が，『〈子供〉の誕生』で述べた説。アリエスによれば，ヨーロッパ中世では「子ども」概念は存在せず，7歳頃になると大人社会の中に所属して働くようになり，「小さな大人」とみなされ，大人と同様に扱われた。近代の学校教育の制度が成立した17世紀頃に，独自の文化やモラルを持つ「子ども」という概念が誕生した。

④ 「ピーターパン・シンドローム」とは，いつまでも大人社会への参入を拒む男性が示す心理について，アメリカの心理学者ダン・カイリーが名付けた用語。

**2**　正解は④

**ア**は正しい。青年期は，「**アイデンティティの確立**」をめざすために，大人としての社会的義務や責任を果たすことを猶予された中で，様々な社会的な**役割実験**をしつつ，試行錯誤しながら自分に相応しい社会的な自己像（アイデンティティ）を形成していく時期である。

**エリクソン**は青年期に与えられた猶予のことを「**心理社会的モラトリアム**」と呼び，アイデンティティ確立のための重要なプロセスであるととらえた。

しかし，現代社会では，大人としての自我の確立を避け，いつまでもモラトリアムを続けようとする人間が増えてきた。このような状況にある現代の青年を，日本の精神医学者の**小此木啓吾**が「**モラトリアム人間**」と名づけた。

**イ**は誤り。アリエスについては，問題番号**1**を参照。

「自立を図ろうとするあまり自己主張が強くなって大人と軋轢を起こすような青年期の人間」の特徴は「**第二反抗期**」という。

**ウ**は誤り。青年を「マージナル・マン（境界人，周辺人）」としたのは心理学者のレヴィンである。

アドラーは，人間の持つ劣等意識を克服しようとする「補償」の心理的メカニズムをとらえた個人心理学者である。

**エ**は誤り。「他者の視点から見た自分（me）」と「それに反応する自分（I）」との相互作用の過程を通して，自己形成されるとしたのは，アメリカのプラグマティズムの哲学者で社会心理学者であった**G.H. ミード**。ミードは，社会的な自己（自我）形成に関して，他者の態度を内面化し，他者が自分に期待している役割を取り入れることによって形成される自我の社会的側面を **me**（**客我**），me に対して，独自の反応を示し（me との相互作用の中で）これに修正をもたらそうとする「個人」としての自分の側面を **I**（**主我**）と呼び，両者の相互作用で**自己**（**self**）が形成されていくとした。

**ブーバー**は，オーストリア出身のユダヤ系哲学者。彼は，人間の在り方を**「我―汝(なんじ)」の関係**と「我―それ」の関係に区別して考えた。ブーバーによれば，「我―それ」関係では，「我」は対象を単に自分が利用する「もの＝それ」として捉え，他者からは孤立した主観的な「我」しか存在せず，一方，「我－汝」の関係では，「我」は，未知の他者である対象との絶えざる対話的行為＝相互作用の中で生き生きと形成される。

> **Point** 青年期を「第二の誕生」という言葉で表現したのはフランスの思想家ルソー（1712～78）だが，ルソーの著作に関しては，社会契約説に関連する『人間不平等起源論』『社会契約論』だけでなく，「第二の誕生」について書かれている教育小説『エミール』も覚えておこう。

**3**　正解は④

コールバーグの道徳的判断の発達段階に関する問題である。コールバーグは3レベル6段階に分けている（本冊 p.4「要点整理」の表参照）が，ここでは3レベルの区分から考える問題になっている。

①は，「相手の幸せを脅かし，誰でも認めるはずの普遍的な道理に逆らうことになる」ことを盗みをしてはいけない理由としているが，これはレベル2にあるような，ただ規則を守るという段階を超えて，普遍的なルールや価値を自ら考え行動しているので，レベル3に相当する。②は，「親に厳しく叱られて，自分が嫌な思いをすることになる」を理由としているが，これはまさに「単純な快不快に影響される。罰を避けるため」というレベル1に相当している。

③は，「警察に逮捕され，刑務所に入れられてしまう」からという理由だが，これは「秩序を守ったりすることを重視」するからであり，レベル2に相当する。

④の「所有者を人として尊重していないことになり，自らの内面的な正義の基準に反する」という理由は，レベル3の「幸福増進や個人の尊厳など，皆に受け入れ可能で自らの良心にもかなう原理に従

う」にぴったり当てはまる。

**4 正解は ③**

人間は一人ひとり異なるパーソナリティを有するが，パーソナリティの形成に遺伝要因と環境要因のどちらの影響が大きいのか議論されてきた。今日では遺伝と環境が相互に影響しているととらえられている。

①②④ はそれぞれ遺伝のみ，環境のみ，影響されない，とあるので誤り。

**5 正解は ④**

パーソナリティを捉えるための理論的枠組みとしては「**類型論**」と「**特性論**」という二つがある。

**類型論とは，性格の際立った特徴を取り上げ，いくつかの典型例や類型にあてはめることをいう。**後述する**クレッチマー**の「体型と気質」の分類や**シュプランガー**による，何に人生における価値を見いだすかという「社会的価値と性格」によるもの，**ユング**による自分の関心が自分の内側に向いているか自分の外側に向いているかという「**内向型・外向型**」の分類はその代表例である。

**特性論とは，性格をいくつかの要素（特性）に分け，どの程度それぞれの要素が備わっているかをレーダーチャートなどにより量的に捉える考え方である。**

① 類型論は，人間の全体像を直感的・総合的に把握する上では便利だが，柔軟なパーソナリティの把握や客観的な把握には向いていない。

② 特性論は，性格を要素に分類して，それを数量的に測定・分析することによってパーソナリティを解明するため，個人間の比較が可能である。

③ 類型論の代表例である「体型と気質」の類型を行ったのは，クレッチマーである。クレッチマーは，体型を「細長型（分裂気質），肥満型（躁鬱気質），闘士型（粘着気質）」に分類し下のように表した。

「細長型」…非社交的，無口，神経質
「肥満型」…社交的，寛容，温厚
「闘士型」…根気強い，几帳面，頑固

④ 特性論の代表例である五つの特性によって性格を記述する考えを「**ビッグファイブ**」という。「ビッグファイブ」は，アメリカの心理学者ゴールドバーグによるもので，人間がもつ民族の違いを超えた普遍的な要素（外向性，調和性，誠実性，神経症傾向，開放性）の強弱によりパーソナリティを数量的に捉える方法である。

**Point** ドイツの哲学者・心理学者シュプランガーは，その人が追求する価値によって人生が方向づけられるとし，理論型・経済型・審美型・社会型・権力型・宗教型の６つに性格を分類している。またシュプランガーは青年期の心理に注目し，自我をあらためて発見する「自我の目覚め」の時期としているが，これが出題されたこともあるので注意しておこう。

**6 正解は ④**

問題文の解説の通り，**マズローは欲求を階層的にとらえ，生物として基本的な，より下位の欲求が適度に満たされた上で，より発達した上位の欲求が出現するとした。**問題の図に示された通り欲求の階層は，下位から上位に向かって「生理的欲求」から「自己実現への欲求」まで五段階ある。

① 最上位の欲求である「自己実現への欲求」は，下位のすべての欲求が満たされていることが条件なので，安全が確保されていないような状況では不可能。

② マズローは，欲求を階層的にとらえており，飢えや乾きなどを満たしたいと思う「生理的欲求」と「所属・愛情への欲求」をはっきりと区別している。

③ 欲求階層説は，あくまで下位の欲求が満たされた上で上位の欲求が出現すると考えるので，「自尊感情」を高めようとすることで，それより下位の欲求が満たされるという説明は間違い。

**7 正解は ⑤**

この問題は，レヴィンの葛藤の３類型（問題のA～Cまでの類型）に「二重接近－回避」（問題文Dの類型）を加えた葛藤の４類型を分類させる問題である。「二重接近－回避」葛藤は，高校倫理で学習する範囲を超えているが，すべての類型が問題文A～Dの箇所で説明されており，葛藤場面を記述した**ア～エ**までをていねいに読解することで正解が導き出される。

**ア**は，「結婚式のスピーチは避けたい」が，「それを断ることで不審に思われるのも避けたい」というBの「回避－回避」の葛藤である。

**イ**は，A大学には「第一志望の学部があり受験したい」が，「親が反対するので受験をためらう」という接近－回避の両面があり，またB大学にも「地元にある点では受験したい」が，「第一志望の学部がないので受験をためらう」という接近－回避の両面があり，Dの「二重接近－回避の葛藤」に当てはまる。

**ウ**は，「雇用条件が良くて安定性のある会社を受験したい」が，「劇団のオーディションも受けたい」という**A**の「接近－接近の葛藤」である。

**エ**は，「憧れの先輩がいるクラブに入りたい」が，「厳しく長い練習は避けたい」という**C**の「接近－回避の葛藤」である。

**8** Aの正解は ①，Bの正解は ⑥

① **合理化**の例。「留学をあきらめた」ことを「グローバル化が進んでいるので意味がない」と理由づけることで解消している。

② **同一視**または**同一化**の例。

③ **反動形成**の例。

④ **退行**の例。

⑤ **抑圧**の例。

⑥ **昇華**の例。「失恋」の痛手をより高い価値の「ボランティア活動に打ち込む」ことで解消している。

**9** 正解は ①

**エリクソン**は人間の一生（**ライフサイクル**）を８つの段階に分け，それぞれの段階で達成すべき課題を設定し，特に青年期の自我の形成に注目して，**青年期の発達課題を「自我同一性＝アイデンティティの確立」にあるとした。**

**リースマン**は，社会の在り方によって，その社会の多くの人々が共通して目指す価値の方向性＝価値指向性があり，それが社会的性格の傾向をなすと考えた。

前近代的な伝統社会では，伝統にもとづいた慣習的に存在する価値を指向する「**伝統指向型性格**」が，近代初期の産業社会では，自己の内部の良心や価値に従って行動しようとする「**内部指向型性格**」が，**そして現代の大衆消費社会では，マス・メディアや他者の示す価値を指向し，それらに同調して行動する「他人指向型性格」が一般的になるとした。**

問題文の**イ**は，個人の無意識を超えた**集合的無意識**を強調した分析心理学の**ユング**の理論。

問題文の**エ**に書かれている発達段階は幼児期から青年期までであり，**エリクソンは，乳児期から老年期までの８つの発達段階とその発達課題を理論化している。**

問題文の**カ**は，**フロム**の『**自由からの逃走**』に述べられている。

**10** 正解は ④

エリクソンは，ライフサイクル論で，自己の同一性＝アイデンティティの形成を青年期の課題としている。

青年期に，社会的な役割関係の中で独自性・連続性・不変性をもった自己の核を築いていくことが必要とされる。

① アメリカの社会心理学者クーリーの「鏡に映る自己（looking-glass self）」の理論。他者の反応と評価を想像する中で，自己像（自我）が形成される過程を示したもの。

② アウシュビッツ強制収容所の過酷（かこく）な生活を経て生還したユダヤ人精神医学者**フランクル**の実存分析の考え。自らが積極的に生に意味を追求することが人間の尊厳であることを主張。

③ スイスの心理学者**ピアジェ**の「脱中心化」の理論。

**11** 正解は ①

青年期の発達課題に関する問題。ハヴィガーストとオルポートの説の正誤問題であるが，一般的な青年期の発達課題について理解していれば，両者の理論を詳しく知らなくても正解ができる。

ホリングワースが**心理的離乳**という言葉で表現したように，**青年期は，一人前の大人としての自己を確立していく時期であり，子ども期の親や大人への「依存」状態から，社会的に「自立＝自律」した自己（自我）を形成することが重要な発達課題である。**したがって，①の「親の価値観を内面化する」がハヴィガーストの理論として間違いであるのが推測できる。

なお，ハヴィガーストの青年期における発達課題とオルポートの成熟した人格になるための条件（基準）については，本冊 p.6 ～ 7「要点整理」を参照。

**12** 正解は ④

ユダヤ人であった**フランクル**は，第二次世界大戦中にアウシュビッツ強制収容所へ送られ極限状況を経験したことから，どんな極限状態においても自分の未来を信じることが「**生きる意味**」につながるとしている。したがって ④ が正解。

① 「無意識」の研究は**フロイト**によるもの。

② 「自由を得た大衆は，自分で判断することへの重責に不安を感じて，強力な信念をもった指導者に従う」のは中世的権威から自由を得た人間がファシズムへ向かったことを分析した**フロム**の『自由からの逃走』の内容。

③ 「限界状況」のうちに「超越者と出会うことができる」というのは実存主義哲学者**ヤスパース**の思想。

**13** 正解は ②

ルソーは「我々は二度生まれる」と青年期を第二の誕生と表現した。「青年を大人と子どもの中間の存在と位置づけ，青年期の若者を境界人と呼んだ」

のはレヴィンである。したがって ② が正解。

① はエリクソン，③ は**神谷美恵子**，④ はガンディーの説明として正しい。

> **Point** 精神科医の神谷美恵子は，ハンセン病の医療所での経験をもとに著した『生きがいについて』のなかで「生きがい」を感じて生きることの大切さを説いている。必ず押さえておこう。

**14** 正解は ③

人間は，古代からさまざまな定義づけがなされてきた。問題文の**ベルクソン**による「**ホモ・ファーベル**」＝**工作人**（道具を使用して自然を加工し，新しい世界を創造する存在）もその一つである。

① 「言語や記号，芸術」などの象徴，すなわちシンボルを使う人間の側面に注目した定義は，ドイツの哲学者**カッシーラー**による「**アニマル・シンボリクム**」である。

② 人間の持つ知性や理性の側面に着目し，「**ホモ・サピエンス**（**英知人**）」と定義したのは，スウェーデンの生物学者**リンネ**である。

④ 人間が，神などの超越的な存在を信じる宗教的な存在であることに注目した定義は，ルーマニアの宗教学者**エリアーデ**による「**ホモ・レリギオースス**（**宗教人**）」である。

**15** 正解は ②

アメリカの心理学者である**エクマン**は，感情と表情に関する研究を行い，人類には普遍的に６つの基本感情（怒り・嫌悪・恐れ・喜び・悲しみ・驚き）が備わっていることを明らかにし，**その感情の表出としての表情が文化に依存せず全人類に共通であると主張した**。またそうした基本感情とは別に，われわれは罪悪感や恥など，他者の存在を意識することで生まれる**自己意識的感情**も経験するとし，この自己意識的感情が人間の行動に与える影響も大きいとしている。

① 児童期の脱中心化に注目したピアジェに関する説明。

③ アメリカの心理学者コールバーグによる道徳性の発達段階に関する説明。

④ イギリスの精神科医ボウルビィによる愛着（アタッチメント）に関する説明。

## 第2章 ギリシア思想

**1** 正解は ②

**タレス**は自然哲学の祖と言われる。生命の生存に不可欠な水が万物の根源，すなわち「アルケー」であるとした。

① 「世界は生成変化のうちにあり」と提唱したのは，**ヘラクレイトス**。彼は「万物は流転（るてん）する」と述べた。

③ **ピュタゴラス**の説明。彼は「宇宙の調和と秩序の根源には数の比例関係がある」と考えた。

④ 「世界は土・水・火・空気の離合集散（りごうしゅうさん）から成り立つ」と考えたのは**エンペドクレス**。万物は土，水，火，空気の四つからなり，愛によって結合し，憎しみによって分離するとした。

**2** 正解は ④

初期ギリシアの自然哲学者たちは，神話的世界観から脱却し，本質において変わることのない，万物の根源（アルケー）を探求した。

① ３世紀（ローマ帝国時代後期）に活躍した**新プラトン主義**（ネオ・プラトニズム）の創始者**プロティノスの神の流出説**に関する言説。

② **ヘレニズム時代のストア派**の思想なので誤り。「普遍（ふへん）的な理（ロゴス）に従うことで情念に支配されない」理想の状態とは，ストア派のアパテイアを示す。

③ 「事物は質料に内在する固有の形相が現実化していくことによって生成する」は，**アリストテレス**の考え方。

> **Point** 神話（ミュトス）の世界から抜け出して，秩序ある宇宙（コスモス）の理法（ロゴス）を自らの理性（ロゴス）で探求したのが自然哲学者たちであり，これが哲学の始まりといわれる（「ミュトスからロゴスへ」）。
>
> 秩序ある宇宙（コスモス）に対して，混沌はカオス。
>
> ギリシア思想ではギリシア語のフレーズも出題されているので要注意。

**3** 正解は ④

自然哲学者の**デモクリトス**の考えであり，ソフィストのものではない。デモクリトスは，アルケーである原子（アトム）が虚空（ケノン）の中での運動により結合し万物を構成する，と考えた。ソフィストは，紀元前５世紀ごろ，アテネを中心とした直接民主政治の発達のなかで，市民に弁論術や教養を教えた職業教師のこと。

①②③ はそれぞれソフィストの特徴を表している。

② ピュシスは自然の本性を意味し，それに対しノモスは社会制度，慣習，法律など人為的なものを意味する。ソフィストたちは，ノモスは人間が作り出したものであるから普遍的ではなく，相対的なものであると主張した。

**4** 正解は ③

ソフィストの代表的思想家である**プロタゴラス**は，事物の普遍的真理を否定し，**「人間は万物の尺度である」とし，個々人に判断基準がある相対主義の考えを表した。**

① ヘレニズム時代のストア派の思想。
② ソクラテスの思想。
④ ピュタゴラスの思想。ピュタゴラスは，世界や宇宙には数的な比による調和（ハルモニア）があるとし，また霊魂の不滅と輪廻の思想を説き，ピュタゴラス教団と呼ばれる宗教教団を率いていた。

> **Point** 代表的なソフィストとしては，プロタゴラスだけでなくできればゴルギアスも押さえておこう。ゴルギアスはとりわけ弁論術の専門家として有名であった。「何ものも存在しないこと，たとえ存在するとしても，それの認識は不可能であること，たとえそれが認識されるとしても，それを他人に伝えることはできないこと」という「非存在について」の論証が残っている。

**5** 正解は ④

ソクラテスの友人が，デルフォイのアポロン神殿で受けた神託（しんたく）は，「ソクラテスに優る知者はいない」である。善美などの真理に対して自らの無知を自覚していたソクラテスが神託の意味を探ろうとして，当時知者と呼ばれていた人々と対話を始めたのが，ソクラテスが哲学的な活動を始めたきっかけであった。

① プラトンの著作『クリトン』の中で，ソクラテスが死の直前に語ったとされる言葉なので，誤り。不当な判決により死刑を宣告されたソクラテスに亡命を勧めた友人クリトンに対して，**「死刑判決という不正に対して，脱獄（だつごく）という不正をおこなうことではなく，ポリスの法を受け入れるという正義を貫くことこそが正しく（善く）生きることだ」**として，毒杯を仰いだ。
② 正しい知（知恵）は徳を実現するとする「知徳合一」を表すソクラテスの言葉。さらに，ソクラテスは，正しい知はその実践につながるとする「知行合一」，さらに徳を実践することが幸福であるとする「福徳一致」を説いた。
③ 無知の知の自覚を促そうとするソクラテスの言葉。

**6** 正解は ②

**ソクラテス**は，アポロン神殿の柱に「**汝自身を知れ**」と刻まれているのを見て，自分の無知に気がつく（**無知の知**）ことこそが，真の知を求める出発になると理解した。そして**問答法**によりアテネ市民に無知の知を自覚させようとした。

**問答法は，ソクラテスが何かの知識や知恵を伝授するものではない。相手が無知を自覚し，真の知恵を導き出す方法である。**ソクラテスは，自身の母の職業になぞらえ，そのやり方を産婆（さんば）術と呼んだ。

① 問答法は，無知の自覚を促し，自ら真理を探求させる方法であり，「ソクラテスから真理を教授」するわけではない。
③「無知から解放されるようになる」が誤り。無知に気がつくことが真の知への出発である。
④「問答によってお互いの不足を補いながら探究する」ことにはならない。なぜなら，無知の知を自覚しているソクラテスと，そうではない相手との間には大きな違いがあり，補い合うことにはならないからである。

**7** 正解は ②

「大勢の人々に向かって徳について」語っていたソクラテスの対話者が「徳とは何かということさえ語ることができなく」なり，自己の無知の自覚を表明している。ソクラテスの問答法は，問答によって相手の「無知の自覚」を促す方法であり，この意味で ② が正解。

① ソクラテスは，自ら無知のふりをして対話者に質問を投げかけ，対話者の無知を暴いていく**エイロネイア**（皮肉）と呼ばれる方法を使用したが，対話者は，ソクラテスが，「あれこれ言いつくろっては答えるのを避ける」と非難しており，「無知の自覚」を表明したものとは言えない。
③ 対話者は自分について「私は悪い人間ではない」，「嫉妬（しっと）心から縁遠い」などと自己を称賛（しょうさん）しており，「無知の自覚」を表明したものではない。
④ 対話者が自己の「無知の自覚」を表明したものではなく，ソクラテスの問答法を批判し，ソクラテス自身を非難しているので不正解である。

**8** 正解は ②

ソクラテスの裁判の様子はプラトンの対話篇『**ソクラテスの弁明**』，死刑判決後，友人らの脱走の勧めを拒み死刑に至るまでの様子は対話篇『**クリトン**』にある。ソクラテスは，死刑判決は不当であるとしながらも，ポリスの法を受け入れて正義を貫くことが「よく生きること」に他ならないとして，その意志を貫いたのであった（問題番号**5**の解説も参照)。

① 「国家は，理性に従って人々が相互に結んだ社会契約のうえに成立している」とは，社会契約説の考え方である。

③ ソクラテスは，「人々に正しいと思われていることが正義であり，善」であるとは考えていなかった。かえって，問答法を通じて，**ドクサ**（臆見，思い込み）に安住している人々にゆさぶりをかけ，無知の知へと誘い，**エピステーメー**（真の知）の探究へと向かわせようとしたのである。

④ ソクラテスが，「人間の幸福にとって最も重要」であると考えていたのは，徳を知り（知徳合一），それを実践して（知行合一），「よく生きること」であり（福徳一致），「国家に配慮して生きること」ではない。

**9** 正解は ②

**プラトン**は，イデアはイデア界に存在する永遠不滅の真の存在であり，理性＝知性によってのみそれを捉えることができる，と定義づけた。

イデアは，個物には内在しないので，①③の「個物に内在する真の本質」は誤り。「個物に内在する本質」とは，プラトンのイデア論を批判したアリストテレスの形相（エイドス）のこと。

また，③④のイデアは，「感覚は知性の指導のもとにそれを捉えることができる」とされている部分も誤り。感覚で捉えることができるのは，生滅変化する不完全な現象界の個別の現象にすぎない。

**10** 正解は ①

プラトンの言う「**愛（エロース）**」とは，移ろいゆく不完全な現象界の個別のものを超えて，永遠不変の真の実在であるイデアを求める情熱のこと。

② 「肉体的な結びつきは徹底的に排そうとする」のは，禁欲主義を説いたストア派である。

③ 「精神的な価値観を共有する者に対して感じる友情」は，エピクロス派の考え。彼らはアテネ郊外にエピクロスの園とよばれる学園を開き，友愛に満ちた共同生活を送った。

**11** 正解は ④

プラトンの「**洞窟の比喩**（どうくつ ひゆ）」は，真の実在であるイデアの影でしかない現象界の個物を，真の実在であると思い込んでいる人間の認識の間違いを指摘する比喩であり，そこから，理性によって真の実在であるイデアを想起する必要性を説いたもの。

① 単に魂が快楽や欲望に囚われていることを指摘するものではない。

② 「洞窟の比喩」は，理想国家を論じたものではないので，誤り。

③ 「洞窟の比喩」は，相対主義の間違いについて述べたものではないので，誤り。

> **Point** プラトンは魂は不滅であると考えており，輪廻の思想をもっていた。われわれの魂は以前イデア界にあってイデアを見て知っているのだが，肉体に閉じ込められたことでその記憶を失ってしまう。しかしイデアの模倣である現象界の個物を見てイデアを思い出す，想起すること（アナムネーシス）でその個物が何であるかを認識できる，と説明したが，これを想起説という。

**12** 正解は ③

プラトンの「**魂の三部分**」とは，人の魂を「理性」，「気概」，「欲望」の三つの部分に分け，理性には「知恵」の徳，気概には「勇気」の徳，欲望には「節制」の徳が必要であり，理性が知恵の徳を持ち，気概と欲望を制御することで調和し，「正義」の徳が実現すると考えた（この知恵・勇気・節制・正義が四元徳）。

また，この考えを国家のあり方にあてはめ，善美などの真理を知る「知恵の徳」を持つ者すなわち哲人が，勇気を身につけた防衛者階級と節制を身につけた生産者階級とを統治する「**哲人政治**」によって，理想国家が実現するとした。プラトンは，衆愚（しゅうぐ）政治の中で，尊敬する師のソクラテスが死刑に追い込まれた現実を見て，真の善美を知る真の知者が統治者になる必要性を痛感していた。

① プラトンは民主政治を批判し，哲人政治を理想としたので，誤り。統治者が知恵を，防衛者階級が勇気を，生産者階級が節制を身につけ，それぞれ役割を果たすことでポリスが秩序づけられ，正義が実現すると考えた。

② 防衛者階級が生産者階級を支配し，生産者階級が防衛者階級に従うことが，プラトンの理論からすると誤り。知恵を身に付けた統治者階級が残りの二つの階級を導くことが必要。

④ 「臆病と無謀を避け勇気を」「放縦（ほうじゅう）と鈍感（どんかん）を避け節制を」というのは，アリストテレスの中庸（ちゅうよう）のこと。

**13** 正解は ④

プラトンが，個々の事物から独立した普遍的な本質であるイデアを真の実在と考え，個々の事物はイデアの似姿に過ぎないというイデア論を主張したのに対し，**アリストテレス**は，本質である形相（エイドス）は，素材にあたる質料（ヒュレー）と結びついて，個々の事物に内在すると考えた。この考えにもとづいて，彼は，個々の事物を具体的に考察する

**現実主義の哲学**を説き，観察を重視する学問的立場を確立した。

① 普遍的・客観的・絶対的な真理を否定し，物事についての判断は個々人の感じ方・経験・立場によって変化するという相対主義を標榜したのは，プロタゴラスに代表されるソフィストたちである。

② アリストテレスは，個々の事物に内在する本質である**形相**と素材にあたる**質料**とによって事物の成り立ちを説明しようとした。

③ アリストテレスは，諸事物の生成を，事物の本質である形相が**可能態**（デュナミス）として質料のうちにある状態から，具体的な姿をもって現れ，完成した**現実態**（エネルゲイア）に移行する過程として説明している。

**Point** 自然界では事物は生成・変化・発展していくが，アリストテレスはこれを，質料のうちにひそんでいた可能態としての形相が，質料をともなって現実化していく過程として説明する。これが可能態（デュナミス）から現実態（エネルゲイア）へ，ということである。例えば種子のうちに可能態としての樹木の形相がひそんでおり，種子が樹木へと変化・発展していくのは，可能態としての形相が現実態として姿を現していく，ということである。つまり種子は樹木という形相，目的にむかって変化・発展していくことになる。こういった自然観を目的論的自然観という。中世ヨーロッパではこの目的論的自然観が主流だったわけだが，その後ルネサンスからデカルトやニュートンなどの説を受けて機械論的自然観へと変わってゆくのである。

**14** 正解は ③

アリストテレスは徳について，知恵や思慮など理性の働きのよさに関する「**知性的徳**」と勇気や節制，正義など人間の行動や態度のよさに関わる「**性格的徳**（**倫理的徳・習性的徳**）」とに分け，両方を身につけることの重要さを説いた。そして「性格的徳」は，理性が欲望や感情を善い方向に繰り返し導くことで身につくものであるとした。したがって「徳を，知性の働きに関わるものと習慣づけによって形成される性格に関わるものに分けた」とする ③ が正解。

① ソクラテスの「知行合一」の説明。

② 「信仰・希望・愛」は，原始キリスト教成立期の伝導において重要な役割を果たしたパウロが説いた「キリスト教の三元徳」のこと。

④ 理性によって欲望などの情念を抑制し，宇宙（自然）の理法（ロゴス）と一体化しようとする禁欲主義を唱えたのはゼノンを創始者とするストア派の考え。

**15** 正解は ②

アリストテレスは，人間の徳を学習によって身につけられる「知性的徳」と行動や態度を何度も繰り返し習慣化することで身につけられる「性格的徳（倫理的徳・習性的徳）」に分けた。**とくに「性格的徳」は，過剰と不足の両極端を避けた中庸を繰り返すことにより形成される。**アリストテレスは，「浪費」と「吝嗇（けち）」の間の「気前のよさ」を中庸とした。

① 「正しく判断できるように知的訓練を積む」とあるが，アリストテレスの述べる中庸は，知性に関わる徳ではなく，よい行為を反復して身につける「性格的徳」に関する徳なので，誤り。

③ ソクラテス的な「無知の知」から真理を求める道を示している。「中庸」とは関係がないので誤り。

④ 修道生活について述べたもので，「中庸」とは関係がないので誤り。

**Point** アリストテレスの徳論においては中庸（メソテース）がポイントとなる。性格的徳はさまざまあるが，それらは要するに過度と不足の中間にあるちょうどよいところを発揮することである。状況に応じて適切な中庸は変わってくるが，それを判断するのが知性的徳の一つである思慮（フロネーシス）である。思慮を働かせ，適切な行為を反復することで性格的徳を身につけるのである。この関係性をしっかり理解しておこう。

**16** 正解は ③

アリストテレスは，ポリス（共同体）の成立に必要な「**友愛（フィリア）**」と「**正義**」の二つの性格的徳を重視した。そして「正義」を，法を守るという広義の「**全体的正義**」と人々の間の公平を実現する「**部分的正義**」に分類した。**さらに「部分的正義」を個人の働きや能力に応じて報酬や地位を分配する「配分的正義」と裁判や取引などで当事者間の利害・損失を均等に調整する「調整的正義」に分けた。**

① 「互いに異なる国々の習慣や文化を比較して，自国の諸制度に合わせて取り入れる」のは，国際化についての説明であり，調整的正義とは無関係なので誤り。

② 「社会における役割分担を推進する」は，配分的正義の説明ではないので，誤り。

④ 「理性の徳としての知恵，気概の徳としての勇気，欲望の徳としての節制が均等である」は，プラトンの「魂の三分説」にもとづく，四元徳に関するものである。配分的正義とは関係ないので誤り。

**17** 正解は ②

「調整的正義（矯正的正義）」とは，裁判や取引などで当事者間の利害・損失を均等に調整する正義のこと。

① 配分的正義の記述なので，誤り。

③ アリストテレスは「知性的徳」と「性格的徳（倫理的徳・習性的徳）」を身に付けることを重視したが，両方を身につけることを調整的正義としたわけではないので誤り。

④ ポリス全体の秩序を守る「全体的正義」を指す記述であり，誤り。

**18** 正解は ③

アリストテレスは，「**人間は，本性上，ポリス（社会）的動物である**」と述べ，人間は本来ともに生きる存在であり，ポリスという共同体の中でのみ生活できるという考え方を示している。さらに，彼は**正義と友愛の徳を，共同体で生活する上で欠かせないものとして重視**した。またアリストテレスは政治形態を，一人の支配（君主政治），少数による支配（貴族政治），多数による支配（共和政治）に分類し，**共和政治が最も安定性が高い**と評価している。

① 「普遍的な理性を分かちもつ世界市民」からヘレニズム時代の**コスモポリタニズム**（世界市民主義）であると判別できる。

② 「哲人による政治」を説いたプラトンの主張。

④ 「人間は万物の尺度である」はプロタゴラスの言葉。

**19** 正解は ④

アリストテレスは『**ニコマコス倫理学**』で，**最高の善が幸福であり，善く生き善く行為することが幸福と同じ意味であるとした**。善く生き善く行為するためには，中庸を習慣化することで性格的徳（倫理的徳・習性的徳）を身に付けることが必要である。よって ④ が正解。

① 「隠れて生きる」ことで魂の平安を求めたのはエピクロス派。

② 「人間の幸福とは肉体という牢獄から魂が解放されることであり，これを実現するには，魂に調和と秩序をもたらす音楽や数学に専念するべき」と考えたのはピュタゴラス。

③ 「宇宙の理と通じ合う」のは，自然に従って生きることを説いたストア派の考え。

**Point** アリストテレスは，人間の生活には快楽を求める享楽的生活，名誉を求める政治的生活，知恵を求める観想（テオーリア）的生活の三つのあり方があり，そのなかで，欲望や感情に流されず，知恵を働かせる観想的生活が最高の生き方であるとした。観想（テオーリア）とは，日常的関心を離れて，理性を働かせて物事の本質や真理を観察，探究することそれ自体を楽しむこと，である。

**20** 正解は ①

アレクサンドロスの大帝国建設により，ソクラテス，プラトン，アリストテレスらのポリスの中でいかに善く生きるかを探求してきた倫理観が崩れ，人々が**世界市民（コスモポリーテース）**として生きていくために，新たな生き方が求められるようになった。このようななかで**ストア派**と**エピクロス派**などの「**ヘレニズムの思想**」が登場した。ヘレニズム思想は個人の内面の幸福に目を向けた思想であり，① の記述が正解となる。

② プラトンの哲人政治のこと。

③ ソクラテスの福徳一致のこと。

④ 古代ギリシアの自然哲学者についてのこと。

**21** 正解は ①

**エピクロスの快楽主義が目指すのは「魂の平静（アタラクシア）」。生きる上での様々な苦痛や不安を取り除き，平穏に暮らすこと，「隠れて生きよ」を理想として，自ら実践していた。**

② エピクロスは「いかなる快楽でも可能な限り追求すべき」だとしたのではない。エピクロス派の追求する真の快楽は，肉体的で刹那（せつな）な的なものではなく，**永続的で精神的な快楽**である。それは，恐れや不安がなく魂（プシュケー）が平穏（へいおん）な状態（**アタラクシア**）をいう。

③ 「情念に従って生きるべき」が誤り。**ストア派**は，理性によって情念を克服することが自然と一致した魂の幸福な状態を作りだすことであるとし，「**無情念（アパテイア）**」を理想とした。これを「**自然に従って生きる**」という言葉で表現した。

④ ストア派の思想ではないので誤り。「根拠を疑うことは可能であり，あらゆる判断を保留することにより魂の平安を得られる」という考えはヘレニズム期に活躍した**懐疑派**の人々のものである。真理かどうかということは把握できないのだから，哲学者としては判断を保留することが正しいと主張した**ピュロン**が懐疑派の祖とされる。アリストテレスとほぼ同時代に登場した思想家で，ストア派やエピクロス派と対立した。

**Point** ゼノンを祖とするストア派のスローガンは「自然に従って生きる」であるが，ここでいう「自然」は宇宙の真理・理法を意味するロゴスのことであるので注意。宇宙・自然を支配するロゴスは，当然その一部である人間をも支配しており，われわれ人間の内なるロゴスである理性に従って生きるということは，つまり宇宙のロゴス（自然）と一体となることなのである。従って自然（ロゴス）に反する欲望や快楽などの情念（パトス）を理性によってコントロールすること（アパティア）が徳となるのであり，幸福なのである。禁欲主義が幸福である，というストア派の主張を理解しておこう。

**22** 正解は ②

**キケロ**（前 106 〜前 43）は，古代ローマの弁論家，政治家，哲学者である。彼の文体はラテン語散文の模範とされ，ギリシア哲学やヘレニズム思想をラテン語に翻案してローマ世界に紹介したことでも知られる。著作に『友情について』『義務について』『法律について』などがある。

資料文の『法律について』は，自然法思想の源流のひとつとなった著作である。キケロは，ストア派の理法（ロゴス）の考え方を発展させ，宇宙は自然の理法による秩序が保たれており，自然の一部である人間にも理性が与えられているのだから，人の世の法律も自然の理に基礎をおくべきであり，善の根拠も自然にあると説いた。資料文中の「法律とは正邪の区別にほかならず，同時にまた，万物の根源であるあの太古以来の自然というものの表現でもあるのだ。そして，悪人を罰し善人を守護する任を帯びた，人の世の法律は，この自然を範として定められたものだ」という部分から ② が正解であると判断できる。

① 「太古以来，善人の総意によって，自然そのものが管理され，形作られてきた」が誤り。

③ 「法律は自然に従って定められただけでは，善人と悪人を公正に裁くことはできない」という前半部分は資料文の主張に反する。また，後半部分の「国民は自然とは関わりがない」という主張もストア派の考え方とは異なるので誤り。

④ 「法律は自然に従って定められただけでは，善悪と正邪を誤りなく区別することはできない」という前半部分は資料文の主張に反する。また，ストア派は，法律を知識や経験にもとづくものではなく，「自然を範」とするものととらえているので後半部分も誤り。

**23** 正解は ②

資料１は当時ソフィストたちが議論していた，法は自然本性（ピュシス）に基づくのか，人為的に作られた制度，慣習（ノモス）にすぎないのか，に関するもので，ソフィストたちの多くは，法はノモスであり絶対的なものではないと主張していたが，この資料でも法が人間のピュシスである欲求を抑圧していると批判している。

しかし資料２で**キケロ**（問題番号**22**の解説参照）は，他人を害してまで自己利益を追求することは自然に反すると反論している。さらに社会が自然に最も即しているとする主張は，ストア派的な自然（ロゴス）が社会の秩序や法の基になっていると考えているからで，この主張はその後の**自然法思想**へとつながっていく。

**24** 正解は ③

プラトンの残した著作はほとんどがソクラテスを主人公とし，様々な人物との対話を通して哲学的議論を深めていくという形式をとっており，**対話篇**と呼ばれる。ソクラテス自身は著作を残していないので，ソクラテスの活躍する様子はこのプラトンの対話篇によって残されている。

① ソクラテスは著作を残していないので誤り。

② 「普遍的真理を探究」が誤り。プロタゴラスはソフィストの代表的思想家で，相対主義的立場。（問題番号**4**の解説参照）

④ **プロティノス**は，万物の根源は一者（ト・ヘン）であり，世界はこの一者からの流出により成立したものである（神の流出説）と説き，**新プラトン主義の開祖**とされる哲学者。したがって「万物には善と悪との二つの根源があり」が誤り。

**25** 正解は ①

**ア** **『イリアス』『オデュッセイア』**は古代ギリシアの二大叙事詩で，詩人**ホメロス**がその作者とされる。そこで描かれる神話的世界では，神々は世界の諸事象を引き起こし，死すべき人間の運命（モイラ）を司る。英雄たちの活躍や悲劇も神々の意志によって決定される。

**イ** **ゴルギアス**はソフィストの代表的思想家のひとりで，弁論術の専門家として知られる。（問題番号**4**の Point 参照）

**ウ** 精神的快楽の追求を人生の目的とした**エピクロス**は，死を恐れて心を乱す必要のないことを説いている。デモクリトスなどの原子論を継承したエピクロスは，唯物論の立場から，死は有機体を構成しているアトム（原子）の分解にすぎず，「私が存在するときには死は存在せず，死が存在するときには私はもはや存在しない」とし，死は我々とは関係のないものであるから恐れる必要はない，と主張した。

## 第3章 キリスト教・イスラーム

**1** 正解は ③

**ユダヤ教の律法**（**トーラー**）は旧約聖書だけでなく，口伝で伝えられてきた律法をも含めユダヤ教の教え全体をさすこともある。

旧約聖書は，モーセ五書（『**創世記**』，『**出エジプト記**』，『レビ記』，『民数記』，『申命記』），歴史書，大預言書，小預言書からなる。

③ 「エジプトに移り住む際の心構えとして神から与えられた」とあるが，**律法（十戒）はモーセが同胞のユダヤ人を引き連れてエジプトを脱出し，約束の地カナンにおもむく途中，シナイ山において神から直接モーセに与えられたもの**と伝えられているため，これが誤り。

> **Point** 一般的にユダヤ教の聖典は『旧約聖書』と呼ばれるが，それはキリスト教側からの呼称であるので注意。イエスの教えや弟子たちの言葉がまとめられ，それをイエスと神との「新しい契約」であるとして『新約聖書』と呼び，ユダヤ教の聖典を「旧い契約」，『旧約聖書』と呼ぶようになった。したがってユダヤ教においては『旧約聖書』とは呼ばず，単に『聖典（聖書）』である。

**2** 正解は ①

**ユダヤ教の特徴は律法主義，選民思想，メシア思想**。『創世記』の時代から，常に神はヘブライ人とともにあり，民族が窮地に陥ったときには必ず手を差し伸べているとされている。

② ユダヤ教は**民族宗教**である。民族宗教であるユダヤ教を母体として，「民族や国家を超えた信仰共同体」を目指し**世界宗教**となったのがキリスト教であり，イスラム教（イスラーム）である。

③ 「父・子・聖霊の一体性」という考え方は，キリスト教が成立してから出てきた三位一体説のこと。

④ 「神から与えられた預言者の言葉を遵守」するという考え方はイスラームに見られる思想。イスラームにおいては，モーセの十戒以降の人間の堕落した生活を改めるため，神が最後の預言者であるムハンマドをつかわされたとされている。

**3** 正解は ①

モーセの出生については，『旧約聖書』の『出エジプト記』に記録されている。モーセはヘブライ人の両親の元に生まれるが，当時ファラオ（王）はヘブライ人の赤子を殺害するよう命令しており，母親はモーセをナイル川の岸に隠した。モーセは王の娘に拾われ，大切に育てられるが，ある日，エジプト人を殺害してしまったモーセは砂漠に逃亡する。羊飼いとして暮らしていたが,「ヘブライ人を約束の地カナンへと導くように」との神の使命を受け,エジプトへ向かいヘブライ人を脱出させる。王は軍勢を差し向けるが,神の奇跡に助けられ脱出は成功した。カナンに向かう道中,シナイ山で神から神との約束,石板に刻まれた十戒を授かった。その後ヘブライ人は,40年に渡りシナイ半島の荒野をさまよったのち,約束の地カナンにたどり着くが,モーセ自身は神の怒りにふれカナンの地に足を踏み入れることなく120歳で没した。

② 「神の裁きと救済」をモーセは求めてはいない。バビロン捕囚時代に活躍した預言者エゼキエルの説明。

③ 「山の洞窟で神から啓示を受け」たのはムハンマドである。

④ 「王子として生まれ育った」のはブッダである。

**4** 正解は ②

「相互の愛を実践」とあるが,神に愛されているようにお互いを愛し合うこと(**隣人愛**)の大切さを説いたのがイエスの思想の特徴。

① 「律法の遵守が不可欠」とあるが,イエスは律法の絶対的遵守を説くユダヤ教に対し,律法を守ることができない者に対する救済の道を説く。

③ 人間の平等さを「理性と道徳上の能力において本来同等」と説くのはカント。イエスにとっては能力など関係なく,神の前で人はみな平等である。

④ イエスに洗礼を授けたバプテスマのヨハネのこと。

> **Point** ユダヤ教で説かれる神は裁きの神,罰する神という面が強調されているが,イエスは神の愛に注目し,愛の教えを強調しているところにその特徴がある。

**5** 正解は ①

「人にしてもらいたいと思うことは何でも,あなたがたも人にしなさい」という言葉は,黄金律といわれる。

② 律法を形だけ守ればよいと考えていたのではなく,律法を守ることは当然のことだが,そこに心がともなっているかどうかをイエスは重視したのである。律法を厳格に順守しなければならないと考えていたのは**ファリサイ(パリサイ)派**。

③ 旧約聖書の時代には「目には目を」と言われていた。「敵を愛し,迫害するもののために祈りなさい」と説いたのはイエスである。

④ 安息日は「悔い改めの機会」ではない。旧約聖書にもある通り安息日は「聖なる日,主の安息日」である。「いかなる仕事もしてはならない」ということを,イエスが否定したわけではないが,安息日に病者を癒したことなどが福音書には書かれている。

**6** 正解は ③

イエスにとっての神の国は,見ることのできる形で現れるものではなく,すでに自分たちの中にあるのである(ルカによる福音書17.21)。**イエスは隣人愛を実践する人々の心のうちに神の国は実現すると説いた。**

① 「ローマ帝国による政治的支配を打破し」が誤り。

② 「ユダヤ人およびキリスト教への改宗者たちが,入ることを約束された国」が誤り。

④ 「死後,平安の地として入ることを約束された国」が誤り。

**7** 正解は ③

イエスは「自らメシア(キリスト)と称し」ていたわけではなかった。また「十字架の贖いを信じる」とあるが,イエスの十字架の死を贖罪(しょくざい)と捉えるのは,イエスの死後の話である。

① 被差別者とともに生きようとする姿こそ,イエスの特徴である。

② 黄金律「何事でも人々からしてほしいと望むことは,人々にもそのとおりにしなさい」(マタイによる福音書7.12)は,その前段階に「求めよ,そうすれば,与えられるであろう」(マタイによる福音書7.7)という言葉から始まっている。自分の子どもが求める物を与えるように,神も私たちが求める物を下さる。神と同じように行動することをイエスは説くのである。

④ 「無償の愛」とは**神の愛(アガペー)**のこと。放蕩(ほうとう)息子のたとえとは,ルカによる福音書(15.12–32)にある,放蕩に身を持ちくずして財産を使い果たした息子が,自分の過ちに気づき父に許しを請うたとき,父は無条件に受け入れたというたとえ話。

> **Point** 神の愛,アガペーは無差別・無償の愛であり,それは,神は「悪人の上にも善人の上にも,太陽をのぼらせ,正しい者にも正しくない者にも,雨を降らして下さる」と表現されている。そのことに感謝し,神がわれわれを愛するように,われわれも隣人を愛せ,というのが隣人愛の教えとなる。なぜイエスが「迫害する者のために祈れ」と説いたのかを理解しよう。

**8** 正解は ①

『新約聖書』にはマタイ・マルコ・ルカ・ヨハネ

の四編の福音書がある。**福音とは「神からの喜ばしい知らせ」の意。**それぞれが独自の視点に立ちイエスの生涯を記した言行録である。

② 「エロス」はプラトンのイデア論。人間の魂がイデア界，善のイデアにあこがれること。

③ 「ヘブライ語で記されている」が誤り。**原典はギリシア語で記されている。**

④ 「モーセの十戒」が記されているのは『旧約聖書』の『出エジプト記』のため，誤り。

**9** 正解は ④

それぞれの文章を見ると，

**ア** 正しい。パウロの信仰義認説。

**イ** 「自由意志により，欲望から悪を犯してしまう傾向を克服できる」が誤り。人類の祖先であるアダムは神に与えられた自由意志により，神に背き罪を犯した。**原罪**を背負った私たち人間の自由意志は，善をなす自由ではなく，悪へと傾かざるをえない自由でしかないと**アウグスティヌス**は説いた。

**ウ** 「善き人だけが，他者を裁くことができる」が誤り。人は誰しも罪人であり，その罪は神の無差別の愛によって赦されている。人がすべきことは他者を裁くことではなく神の愛にならい，隣人を愛することであるとイエスは説いた。

**10** 正解は ③

**パウロ**は，原罪を負った人類の救済のためにイエスが神によって遣わされ，イエスの十字架上の死によって人類の罪が贖われたとする**贖罪の思想**や，人は信仰によってのみ義とされるという**信仰義認説**を展開している。数度にわたり地中海沿岸を布教の旅にまわるなど精力的に活動し，世界宗教への礎を築き，**異邦人の使徒**と言われる。

①～④の **a** にある**パリサイ派**とは，イエスの時代に勢力のあったユダヤ教の一派で，律法を厳格に守ることを重視する。儀式を重視する保守的な司祭階級中心のサドカイ派とは対立した。

⑤～⑧の **a** ストア派は，ヘレニズムの思想。

> **Point** パウロは，『新約聖書』の「コリント人への手紙」のなかで，「信仰と，希望と，愛，この三つはいつまでも残る。その中で最も大いなるものは愛である」と述べている。後に，カトリックの教義大系を樹立した代表的教父アウグスティヌスはパウロが提唱した「キリスト教の三元徳」を「ギリシアの四元徳」（知恵・勇気・節制・正義）の上に位置づけた。

**11** 正解は ②

神の無償の愛による以外に救済の道はないと主張したのが**アウグスティヌス**である。古代カトリック教会の正統の教義を確立した，**カトリック教会最大の教父**であるアウグスティヌスは，人間の原罪は，人間の性質に根ざしたものであるという。神が創造されたときの人間は，善であったはずであるが，**原罪を抱えたわれわれは自らの自由意志では善に向かうことができず，悪しかなしえない。本来の善の状態に回復するには，心が善を意志とすることを可能にする神の恩寵によるしかないと説いている**のである。

① 教会が指導する聖書研究を通して信仰を深めることで恩寵が得られるわけではない。

③ 教会への寄進といった善行によって恩寵が得られるわけではない。

④ 贖宥状の購入による救済を説いた教会の姿勢は間違っていると指摘したのはルター。

> **Point** アウグスティヌスの著書『告白』は彼がキリスト教に回心するまでの魂の苦悩と遍歴を告白したもの。
>
> 『神の国』では，この世界は神の愛の国と，自己愛に満ちた争い合う地の国との対立の歴史として描かれており，最終的に神の国が勝利するのだが，神の救いの入り口になるのが教会であり，教会には人々を神の国へと導く使命があるとされている。

**12** 正解は ⑧

**ア**の文章には「人が義とされるのは律法の行いではなく信仰による」とあることから，信仰義認説を説いたパウロの主張。

**イ**の文章には「誰が救われるかは神の意志によって予定されている」とあり，この恩寵予定説を説いたのは**アウグスティヌス**。

選択肢にある**マルクス・アウレリウス**はローマ皇帝でもある**ストア派の思想家**。人間としてどうあるべきか，また皇帝としてどうあるべきか，自らのあり方・生き方を内省し，ストア派の理念に従った生活を実践した人物である。著書**『自省録』**には，いたるところに人間の生の栄華や栄耀がいかに空しいものであるかを自覚せよという自戒の言葉が述べられている。

**ウ**の文章は「哲学と神学の分離を主張した」とあることから，**ウィリアム・オッカム**のことである。**イギリスの神学者，スコラ哲学者でもあるウィリアム・オッカムは，神学と哲学を切り離し，スコラ哲学を解体した。**個物のみが存在するものであり，言葉は存在する実在物ではないとする**唯名論**の立場に立ち，哲学や科学における不必要な仮説を排除すべきとして「オッカムのかみそり」とよばれる原則を説いた。選択肢にある**トマス・アクィナス**はアリストテレスの哲学を用いてキリスト教の教義を体系化した。「恩寵は自然を破壊せず，かえって自然を完成させる」と，信仰と理性（哲学）それぞれの真理を区別しつつ，理性に対する信仰の優位を説いて両者を調和させた。

**Point** トマス＝アクィナスが理論的な根拠として用いたアリストテレス哲学が，イスラーム圏を経由してヨーロッパに入ってきたものであることは覚えておいてもよいだろう。ギリシア哲学はイスラム教世界で発達し，スペインの国土回復運動（レコンキスタ：８世紀初め～1492）や十字軍（1096～1270）を通してヨーロッパに入ってきた。これらを理論的な根拠としてスコラ哲学は最盛期を築いたのである。

**13** 正解は ①

「日常生活に関わる法は重要ではない」とあるが，これが適当ではない。『クルアーン（コーラン）』を含むイスラム法シャリーアは，内面的な信仰のみならず，日常生活の細かなところにまでイスラーム教徒としてのあり方を規定している。

② 「共同体**ウンマ**」，「教徒たちは神の前に平等」などはイスラームの特徴である。

③ イスラームにおいてモーセやイエスはイスラームの預言者の一人とされる。そして開祖ムハンマドは最後にして最大の預言者（預言者の封印）である。

④ **ジハード**はもともとは神のために自分を犠牲にしてでも努力することであったが，しだいに神の栄光のための戦いである聖戦をも意味するようになった。「十字軍への対応」はその代表例。

**14** 正解は ①

**『クルアーン（コーラン）』**は，全人類に与えられた最高で最後の神の啓示である。ムハンマドは最後の預言者であるから，これ以降，神の声を受ける者はいないとされている。

② 戒律では，人間生活の細部まで規定されている。

③ アッラーのみが唯一絶対である。

④ 『クルアーン』には「誰でもここまで旅してくる能力がある限り，このカーバ神殿に巡礼することは，人間としてアッラーに対する神聖な義務である」とある。これは聖地メッカのカーバ神殿ならびに近隣の諸聖地への**巡礼**のことであるが，強制的なものではなく人生の内に一度おこなえばよいとされている。

**Point** イスラームでは神アッラーの唯一絶対性が徹底されている。偶像崇拝が禁止されているのも，神の絶対性を表現することはできないからである。ちなみにユダヤ教も偶像崇拝は禁止，キリスト教も当初は禁止であったが，のち伝道のため聖像崇拝として認可された。

**15** 正解は ③

「喜捨（きしゃ）は，為政者への献金（けんきん）」が誤り。喜捨は救貧税としておこなわれているものであり，喜捨による財は，貧者，孤児，税徴集人らに配られたり，伝道，聖戦などの宗教活動に用いられたりする。

① 『クルアーン』には**神の意志を伝える預言者**としてアブラハム，ノア，モーセ，**イエス**を含め25名におよぶ預言者が登場する。その中で**最後であり最大の預言者がムハンマド**なのである。

② アッラーをたたえる讃歌「ハムド」の中で「アッラーに讃（たた）えあれ。彼は子を持たれない御方。彼の大権には共有者もない御方」という一節があり，アッラーが子を持たないこと，唯一絶対であることがわかる。

④ メッカへの巡礼は，イスラーム教徒として実践すべき**五行**の一つ。一生の内に一度はメッカのカーバ神殿を訪れ，神殿の周りを７周するという儀式をおこなうことが定められている。

**Point** イスラーム教徒の義務である六信・五行，特に五行（信仰告白・礼拝・喜捨・断食・巡礼）は頻出なのでしっかりと押さえておこう。六信はアッラー，天使，啓典，使徒・預言者，来世，予定の存在を信じること。

**16** 正解は ①

ムハンマドは，アッラーの前にすべての人は平等であることを主張することで，人種・民族を超えた，同じ神を信仰するものたちの共同体を建設しようとした。イスラーム共同体はウンマと呼ばれるが，現在においてもイスラーム社会では，宗教と日常生活，政治，経済が密接に結びついているという特徴をもっている。

② 「ヤハウェを認めようとしなかった」が誤り。ムハンマドはアッラーとヤハウェを同一の存在であると認識している。

③ 「カーバ神殿での礼拝そのものに反対」が誤り。カーバ神殿への巡礼は五行の一つに挙げられている。

④ 「ムハンマドを救い主として信じる」が誤り。神の前の平等が強調されるイスラームにおいて，ムハンマドは救い主ではなく，最後の預言者であり，あくまで人間であるから崇拝の対象としては

ならないとされる。

**17 正解は ④**

イスラームにおいて，神はアッラーただ一人である。最大の預言者であるムハンマドであっても，神格化されるということはありえないのである。

① 最後の審判の日，一人ひとりの人間を裁くのは神だけである。

② 「神の像に向かって礼拝」が誤り。徹底して偶像崇拝が禁止されている。1日5回，メッカの方角を向いて**礼拝**を行う。モスクの中にはメッカの方向を指し示す壁に設けられたくぼみがあるだけである。

③ 「ムハンマド以降も預言者を遣わす」が誤り。ムハンマドが最後で最大の預言者であるとされている。

**18 正解は ⑥**

**ア**は誤り。新約聖書で説かれているのは，従来の律法に変わった新しい教えではなく，律法の解釈の仕方を愛という視点でとらえなおしたものである。また，「掟を全うすることによって罪を贖う者は救われる」とあるが，イエスが神の子として人類の罪を贖ったのであるから誤り。

**イ**は正しい。ユダヤ教の聖典はイスラエル人が神と交わした契約とそれまでの経緯，その後の民族の歴史が記載されている。

**ウ**は誤り。「聖職者と一般信徒がそれぞれに実践すべき規律を教えており」とあるが，『クルアーン（コーラン）』では信徒間の平等が説かれており，**聖職者の制度は存在しない**。かわりにウラマーと呼ばれるイスラム法学者などが社会のなかで指導者となっている。

> **Point** 出題されたことのあるイスラーム社会での生活に関わる知識をまとめておこう。
> ・食の禁忌（タブー）として豚肉食が禁止されている（豚，アルコールを含む食品，調味料は基本的に禁止）。
> ・イスラーム教徒が食べてもよいとされる食べ物はハラルフードというが，イスラム法の定める適正な方法で処理・加工された食品であるかどうかは，ハラール認証が表示されているかどうかで判断できる。
> ・『クルアーン』では，お金の貸借において利子をとることは禁止されている。そのためイスラーム社会の銀行システムは資本主義社会とはだいぶ異なる。

## 第4章 仏教

**1 正解は ③**

バラモン教の特徴は聖典**ヴェーダ**に描かれている多神教の世界である。

紀元前1500年ごろアーリア人が西北インドに侵入し，パンジャブ地方に定着，紀元前1200年ごろから聖典『**リグ＝ヴェーダ**』が編纂され，紀元前500年ごろまでにおもなヴェーダが次々に編纂されていく。このころまでがバラモン教の全盛時代である。しかし**その後バラモン教の祭祀中心主義を批判する自由思想家たちがあらわれ，仏教やジャイナ教が成立する**。

① 「固有の実体をもたず，絶えず移り変わる」は，ブッダの縁起の法である。

② **「三神一体」はヒンドゥー教**。ブラフマン，ヴィシュヌ，シヴァの三神の関係は，宇宙の最高原理の3つの側面だとする考え方が三神一体である。ブラフマンが創造，ヴィシュヌが維持し，シヴァがこれを破壊すると考えられている。

④ 祭祀中心のバラモン教を批判した自由思想家たちの立場である。

**2 正解は ③**

ウパニシャッド哲学では，結果をともなう行い（行為）のことを**業**（**カルマ**）といい，過去の行いは良いものにせよ悪いものにせよ，いずれ必ず自分に返ってくるという**因果応報・自業自得**の考え方が**輪廻転生**と結びつき，前世の行為の結果として現世があり，現世の行為のあり方によって来世の生活が決まると考えられている。

① 「アートマンを完全に捨てて」とあるが，**アートマンは個人に内在する永遠不変の本質**であるため捨て去ることは不可能。

② 「**六師外道**」とは，ブッダと同時代に活動した6人の思想家の仏教側からの呼称。

④ 「唯一なる神の祀り方」とあるが，バラモン教は唯一神信仰ではなく，天・地・太陽・風・火などの自然を神として崇拝する多神教。

> **Point** この業（カルマ）と因果応報，輪廻転生とそこからの解脱という考え方は，その後のインド思想に受け継がれていくのでしっかり理解しておこう。

**3 正解は ③**

仏教における**縁起**の説明である。**すべての物は相互関係のなかで成り立ち，単独に存在する物はないという考え方である**。縁起によって物事が成立する原因や条件となるものを因縁という。

① バラモン教においては苦行が重視されており，この修行を通してめざしているのが輪廻の輪を断ち切ること（**解脱**）である。

② 宇宙の根本原理である梵（ブラフマン）と自己の本質である我（アートマン）が実は一体であるという真理（梵我一如）を悟ることが解脱への道であると考えられていた。

④ 生前の業によって次に何に生まれ変わるかが決定するという因果応報についての説明である。

**4** 正解は ④

**徹底した苦行主義と不殺生がジャイナ教の特徴。**

ジャイナ教の開祖**ヴァルダマーナ**（マハーヴィーラ）は，王子として生活していたが，30歳のころ，両親の死をきっかけにすべてを捨てて出家し，修行生活に入る。12年の修行の後，真理を悟り「全能の力」を手に入れて勝者（ジナ）となる。

以後30年にわたってガンジス川中流域を中心に布教活動をおこなう。72歳のとき，断食の修行を続行したままその生涯を閉じたと伝えられている。

① 「人間の思惟（しい）を否定」が誤り。正しい知識を持つことが苦からの解放に必要だと考えていた。

② 「いかに努力しても」は，瞑想，断食などの修行をおこなうことがジャイナ教の特徴であり，誤りである。

③ 「善悪の究極的な基準は存在せず」は，正しい行いを通した魂の救済を目指していたので誤り。

> **Point** ジャイナ教にも信者が守るべき戒律として「五戒」があるので注意。不殺生や無所有などの戒律を守り，禁欲・苦行の実践を通して解脱を目指す。

**5** 正解は ①

**諸法無我**は，あらゆる存在は永遠不変の実体を持っていないという教え。**一切皆苦**はこの世の一切は苦であり，自分の思うようにならないという教え。

② 「苦行にも意味はない」ということまでは言っていない。また，真実のあり方に目覚めることで到達するのが，心安らかで静けさの境地，**涅槃寂静**である。

③ 煩悩が苦しみの原因であるというのは**集諦**である。

④ 「聖典に定められた様々な祭祀の執行を通して解脱に至るべき」が誤り。

> **Point** 普通「法」はダルマ，真理を意味するが，諸法無我の「法」は「存在するもの」という意味。つまりあらゆる存在に不変の実体（我・アートマン）などない，すべては縁起で成立している，というのが仏教の教えである。

**6** 正解は ①

**諸行無常**についての説明である。

② 「真の自己である不滅の霊魂のことを気遣うべき」が誤り。不滅のものなど存在しない，とするのがブッダの立場である。

③ 梵我一如（ぼんがいちにょ）の説明。バラモン教のウパニシャッド哲学で説かれた思想である。

④ 「生れついた身分に与えられた仕事にひたすら邁進することによって」解脱を目指すという考え方はブッダの思想にはない。

> **Point** 生きとし生けるものへの慈悲を説くブッダは，当然生まれついての身分制度（カースト制）に反対している。生まれではなく，その人の行いこそが重要だと説いている。

**7** 正解は ④

文中に「……悪い行為を行っているのが見られる。そうすれば，現世においては非難せられ，来世においては悪いところに生まれる」と書かれている。つまり「現世での行為は現世と来世での境遇に影響する」わけである。

① 「現世での境遇は現世での生まれのみによって決定」が誤り。現世の境遇は前世での行為だけでなく，現世での行為によっても影響を受ける。

② 「現世での行為は来世での境遇に影響を与えない」が誤り。

③ 現世での境遇は現世の生まれも行為の影響もないということで，誤りである。

> **Point** 出典の『スッタニパータ』はパーリ語で書かれた最古の仏典のひとつで，『ダンマパダ（法句経）』とともに有名な原始仏教経典なので覚えておこう。

**8** 正解は ②

**菩薩**は一切衆生（いっさいしゅじょう）の救済を目的としているが，菩薩自身は自我や衆生，命といったさまざまな固定的な観念つまり執着を持たずに衆生を涅槃（ねはん）へと導くべきであると指摘しているのである。

① 「衆生の固定的実体をすべては把握できない」とは文中にはない。菩薩がめざすべきは一切衆生の救済であり，自分の悟りの完成ではないことも誤りである。

③ ①と前半部分は同じであり，文中にはない。また，後半の「身近な衆生から徐々に」といった内容も文中にはない。

④ 「自分が悟りを開き仏となり，その後，衆生を涅槃へと導くべきである」が誤り。文中にもそのような記述はないが，菩薩はすべての衆生が救われない限り自分は仏にならないと誓願を立て，利

他行に励み衆生の救済を最優先する存在であることからも誤りである。

**9** 正解は①

「自己を永遠不滅であると錯覚したり，これに固執したりしてはならない」のである。自己に対するこだわりである我執が煩悩を生み，真理を見えなくしてしまっている**無明**の状態を引き起こしてしまうのである。

この世のすべてのものは絶えず変化している。それを事実としてありのままに認め受け入れることが大切だとブッダは説くのである。

② 「法身仏」とは，宇宙にあまねく存在する絶対的で永遠の真理である仏のこと。ブッダ入滅後の大乗仏教で発展した思想である。

③ 「この世にあるものはすべて空であり，無自性」は，**ナーガールジュナ（竜樹）の空の思想**である。

④ 「この世にあるものは根源的実在である心の現れ」とするのは，**アサンガ（無著），ヴァスバンドゥ（世親）による唯識の思想**。実在するのは識（心の作用）のみであり，この世界は個人の心が生み出した，実体のない虚構であるという説。

人間には八つの識があるとされ，感覚にまつわる五識（眼識（視覚），耳識（聴覚），鼻識（嗅覚），舌識（味覚），身識（触覚）の五つ）と意識（第六意識），さらにその背後で働く末那識と**阿頼耶識（アーラヤ識）**に分類されている。この阿頼耶識が五識・意識・末那識を生み出すとともに，身体を生み出し，他の識と相互に作用しあって，個人が世界と認識しているものを生み出しているのだとする。あらゆるものは個人の識でしかない以上，すべての存在は「空」であり，実体のないものということになるのである。

**10** 正解は④

煩悩の根本原因は，この世の無常や無我を正しく理解していないこと（無明）にある。この世を貫く理法を正しく理解することで，煩悩から解放されると考えるのである。

人間の身心を構成する「色・受・想・行・識」の5つの要素に執着することにより苦しみが生ずることを五蘊盛苦という。**生老病死の四苦に，愛別離苦，怨憎会苦，求不得苦，五蘊盛苦**を合わせて**八苦**という。

① 「無自性」はすべてのものが相互の依存関係により生起しており，それ自体で存在するものはないということ。「自分固有の本性を見いだせないでいる状態」ではない。快楽と苦行の両極端を避けた正しい修行方法は八正道。

② 四苦の死は，「死を目の当たりにすること」に限定しているわけではなく「死そのもの」や「死にまつわる状態」全体をさしている。

③ 貪・瞋・癡は**三毒**という。「三帰」は仏（ブッダ）・法（ダルマ）・僧（サンガ）に帰依すること。

> **Point** 仏・法・僧の三宝への帰依（三帰依）は，仏教徒が守るべき五戒（不殺生，不偸盗，不邪淫，不妄語，不飲酒）と合わせて三帰五戒と呼ばれる。しっかり覚えておこう。

**11** 正解は④

**道諦**とは正しい修行のあり方である**八正道**のことである。八正道は，正見（正しい見解），正命（正しい生活），正思（正しい考え方），正精進（正しい努力），正語（正しい言葉），正念（正しい気づき），正業（正しい行為），正定（正しい精神統一）であり，快楽や苦行の両極端を避ける中道である。

① 「**苦諦**」は，人生は苦しみであるという真理。文中「人生は苦であると諦める」が誤り。

② 「**集諦**」は，苦の原因が人間の我執や渇愛といった執着心にあるという真理。文中の「他者に功徳を施すことで救いが得られる」は誤り。

③ 「**滅諦**」は，執着をなくすことで解脱することができるという真理。「煩悩がおのずから滅する」が誤りである。

> **Point** ブッダが悟りを開いたあとに初めて行った説法を初転法輪というが，そこでブッダは四つの真理を説いたとされる。それが四諦（苦諦・集諦・滅諦・道諦）である。仏教の教えの特徴を四つの教え（真理のしるし）にまとめたものが四法印（一切皆苦・諸行無常・諸法無我・涅槃寂静）である。しっかり区別して覚えておこう。

**12** 正解は①

正業（しょうごう）とは正しい行為。道徳的に望ましい行動をすること。（問題番号**11**の解説参照）

② 正業とは，人の行為と輪廻の関係を正しく認識することではない。

③④ 八正道は六波羅蜜の教えに由来するのではない。

六波羅蜜は大乗仏教の求道者が実践すべき，布施・持戒・忍辱・精進・禅定・智慧の６つの修行の道のこと。

**13** 正解は④

仏教でいう慈悲は，すべての命あるものに対して注ぐ愛のことを指す。「あらゆる生きとし生けるものが安楽で平和であるように」（『スッタニパータ』）他者に寄り添い，他者に対して楽しみを与え（慈：

マイトリー），他者の苦しみを共有し取り除こうとする（悲：カルナー）ことである。
① 「人間のみを対象として」，「憐れみの心をもつことである」が誤り。
② 「親子や兄弟などの間に生まれる愛情を様々な人間関係に広げること」は孔子の仁の思想。
③ 慈悲の実践は大乗仏教でのみ教えられるわけではなく，ブッダの時代から実践されていることである。

**14** 正解は ①

「苦の原因を認識し執着から離れることによって解脱できる」とブッダは説いている。
② 「自分の中に永遠的要素を見出す」が誤り。
③ 「苦行を積み重ねることよって」が誤り。快楽と苦行に偏らない中道をブッダは説いている。
④ 「不可知なるものの存在を認める」が誤り。不可知なるものに関心を持つことは，かえって悟りへの道を妨（さまた）げると考えていた。

**15** 正解は ⑥

**ア**の空の思想を唱えたのはナーガールジュナ（竜樹）。ヴァルダマーナはジャイナ教の開祖（問題番号**4**の解説参照）。

**イ**の唯識思想はアサンガやヴァスバンドゥによって説かれた教説の一つ（問題番号**9**の解説参照）。

**ウ**は「六波羅蜜の修行を実践して功徳を積むことで，自らが仏となる可能性を獲得すべき」が誤り。**一切衆生悉有仏性を説く仏性思想では，生きとし生けるすべての命あるものは，すでに解脱し仏となる可能性を持っていると考える**。なお，六波羅蜜は，布施・持戒・忍辱・精進・禅定・智慧の六つの修行。

**Point** 大乗経典の『涅槃経』で強調される「一切衆生悉有仏性」は大乗仏教の根本思想で，最澄など日本の仏教者にも大きな影響を及ぼしている。必ず覚えよう。

**16** 正解は ④

資料にあるように，竜樹の説く「空」はもの（色）が存在していないということではない。すべてのもの（色）は他に縁って生じている（空）ということである（**色即是空**）。また，空は本体がないこと，空虚であることではなく，様々な要素や条件が揃うことでもの（色）となる（**空即是色**）のである。
① 「他に縁って生じるということ」は，空であるということであり，ものが存在しないことではない。
② 「ものに本体があるということ」ではなく，ものには本体がないと述べている。
③ 「ものに本体がないということ」はものが存在しないことではなく，他によって存在していること，つまり空であることである。

**17** 正解は ③

**『般若経』**は最初期の大乗仏教経典群の総称で，**「空」の思想が説かれている**ことで知られている。なかでも『般若心経』にある「色即是空，空即是色」のフレーズは有名である。
① 「小乗仏教」という呼び名は，大乗仏教側が，上座部仏教を「小さな乗り物」という意味で「小乗」と蔑称したものであり，自ら名のったわけではないので誤り。
② **菩薩**は**自利（自らの悟り）よりも利他（衆生の救済）を優先して修行に励む者**のことで，在家，出家関係なく大乗仏教では理想とされた。
④ 大乗仏教は中国，チベット，朝鮮，日本などに伝わり「**北伝仏教**」と呼ばれるので誤り。上座部仏教はスリランカに伝わり，そこからミャンマー，タイなどの東南アジア諸国へと伝えられ，「**南伝仏教**」と呼ばれる。

**Point** 菩薩はボーディサットヴァを音写した菩提薩埵（ぼだいさった）の略称。自分の悟りよりも他者の救済を優先する菩薩は，慈悲の教えの体現者として大乗仏教で理想とされる。菩薩はいずれ悟りを開き仏となり衆生を救済する。
それに対し上座部仏教では，戒律を守り，修行の果てに到達できる「尊敬を受けるに値する者」という意味の阿羅漢（羅漢）になることを目指す。大乗仏教と上座部仏教の違いを問う問題の定番なので，菩薩と阿羅漢の違いをしっかり理解して覚えよう。

**18** 正解は ④

**唯識（ゆいしき）思想**は，アサンガ（無著），ヴァスバンドゥ（世親）の兄弟が体系化した大乗仏教の有力な理論。**心の働きである「識」のみを唯一の実在とし，この世界の一切は識が生み出した表象にすぎないとする**。したがって「外的な事物」が心の作用によって生み出されたあらわれに過ぎないことを知ることで執着から離れることができるわけである。
① ブッダは執着や欲望といった煩悩から解放されるための修行として，快楽と苦行のどちらにも偏らない中道を説いていたので誤り。
② 在家信者が「仏の戒めを守らなくても，布施を行えば成仏できると教えられた」が誤り。五戒（不殺生，不偸盗，不邪淫，不妄語，不飲酒）は在家信者の守るべき戒律。
③ 「空」を説いたナーガールジュナの思想からす

れば「不変の自己」は否定されるはずなので誤り。

**19** 正解は ①

竜樹が説いた空の思想の説明である（問題番号**16**の解説参照）。

② すべての生あるものが成仏できる（一切衆生悉有仏性）思想は，大乗仏教の特徴。

③ 梵我一如の思想はウパニシャッド哲学の特徴。

④「世界のあらゆる物事は人間の心によって生み出された表象」という思想は大乗仏教の唯識の思想。

**20** 正解は ②

**五戒**（不殺生，不偸盗，不邪淫，不妄語，不飲酒）は在家信者だけに要求されているのではなく，仏道に入る者すべてに要求されているものである。出家修行者には適用されないとあることが誤り。

① **仏・法・僧の三宝への帰依**は在家信者だけでなく，仏道に入る者すべてに要求されるものである。

③ 仏舎利を安置した仏塔（ストゥーパ）は，在家信者にとっては礼拝や信仰の対象であった。

④ 解釈の違いや戒律の規定などをめぐって，伝統を重視する上座部と新しい解釈を受け入れる大衆部に分裂した（問題番号**17**の解説参照）。

## 第5章 中国思想

**1** 正解は ③

**朱子**に関しては問題番号**12**の解説参照

①「人民の支持を受けた者が政治を行うべき」が誤り。**孔子**は，君主が徳を身につけ，その徳の感化による統治を説いた（**徳治主義**）。

② 孟子ではなく荀子の説明である。天と人の本性の間には密接な関係があり，また悪政が天変地異をもたらすなど人事と自然現象の間には対応関係があるという説を**天人相関説**というが，荀子は否定している。

④ 天人相関説は，道家ではなく主に儒家によって説かれ，特に儒教の思想で継承されていった。

**2** 正解は ②

**孟子**は，人には生まれながらに徳の芽生え（**四端**）が備わっており，それらを育てていくことによって，人間の善い本性が現れると説く。**惻隠の心は仁の徳の芽生えであり，この同情心を養い育てることで仁の徳が完成する**と説いているのである。

① 順序が逆。孔子は，自然に育まれる身近な者への思いやりの心（孝悌）を他者一般へ広げていくことが仁の実践であると説明している。

③ 愛の対象を自己から他者へ段階的に拡げていくという儒家的な考え方を**墨子**は別愛と批判しており，自己と他者の区別なく，すべての人が平等に愛し合うこと，すなわち**兼愛**を説いている。

④ **韓非子ら法家の法治主義**の立場は，「儒家の徳治主義を補完する」ものとして説かれたわけではない。**人間は利を求め害をさけるのが本性であるとし，国家の定めた法を信賞必罰により厳しく守らせることで国家を統治していくことを主張した。**

> **Point** 孟子の性善説における四端・四徳はきちんと暗記しておかないと対応できないのでしっかり覚えておこう。
>
> | 四端 | | 四徳 |
> |---|---|---|
> | ・惻隠の心 | ⇒ | ・仁 |
> | ・羞悪の心 | ⇒ | ・義 |
> | ・辞譲の心 | ⇒ | ・礼 |
> | ・是非の心 | ⇒ | ・智 |
>
> の関係となる。

**3** 正解は ③

**ア**は孔子の仁と徳治主義の説明として正しい。

**イ**は董仲舒(とうちゅうじょ)が誤り。覇道に対して王道政治を説いたのは孟子であり，また「気質の性に起因する欲望を抑え，本然の性に回帰すること」を説いたのは朱子である。

**董仲舒**は，前漢の儒学者で，儒学の国教化に貢献し儒教と中国政治との結びつきを強固にした人物である。

孟子の説いた四徳に信を加えた仁・義・礼・智・信を五常の道とし，そこに基本的な人間関係のあり方を示す親・義・別・序・信の五倫を加えた**五倫五常**が儒教道徳の基本と説いている。

**ウ**は正しい。**老子**は，儒家の説く仁義を人為的な道徳として批判し，作為のないあるがままの生き方（**無為自然**）を説いた。政治に関しては**小国寡民**を理想としていた。

**4** 正解は ②

老子に墨子の兼愛説批判は見られない。

墨子は儒家の説く仁愛を別愛と批判し，無差別平等な兼愛を説いていた。

① 韓非子の法治主義の説明。

③ 荀子の**礼治主義**の説明。

④ 王陽明による朱子学批判。王陽明は理は自らの心の内にある（**心即理**）と指摘し，客観的な事物の内に理を求める朱子学を批判した。

> **Point** 荀子の言う性悪説とは，人の本性は利己的，わがままであるから，そのまま放置すると争い合い，社会が混乱するというもの。「人の性は悪にして，その善なるものは偽なり」というのも，つまりはわれわれが善き行いができるようになるためには後天的な作為，教育が必要である，ということである。

**5** 正解は ⑥

a 孔子は周礼の復興を目指したが，「単に外形的なもの」であってはならず，その礼を内面から支える仁の心が重要であり，仁とは端的に言えば人を愛する心である，と説いていたことから考えれば，**a**には仁が入る。

b また仁は忠恕を実践することでもあるが，**忠**は自分を欺かない誠の心，**恕**は他者への思いやりのことなので，**b**には忠が入る。「私利私欲を抑える」ことは**克己**，他人を欺かないことは**信**である。

c 孔子は徳を備えた仁の実現を目指す人間を**君子**と呼んだので**c**には君子が入る。選択肢の真人は道家の荘子が理想とした人物像。

> **Point** 孔子は仁に関して『論語』のなかで弟子たちと様々な問答をしているが，なかでも「己に克ちて礼に復るを仁と為す（克己復礼）」という教えが有名である。自分の欲求やわがままを抑え，他者に対して礼を尽くすことが仁であるというわけである。仁あっての礼ではあるが，仁を実践するにも礼が必要となるのである。この仁と礼の関係性を理解しておこう。

**6** 正解は ③

孟子が説いた**易姓革命**において，徳や正義を失い暴政をおこなう王は，天命を失い王（天子）としての資格が無いので，武力による**放伐**（ほうばつ）も道に反しないとされる。天の命が革（あらた）まり，王の姓が易（かわ）るのである。

① 王道ではなく，覇道の説明。

② 「兼愛（けんあい）思想」は墨子の思想。**兼愛とは「自利に囚われず互いに利益を与え合う」関係（交利）のことを指す。**

④ 覇道政治ではなく，王道政治の説明。

**7** 正解は ②

**孟子は孔子の徳治主義を受け継ぎ，武力によって民衆を支配する覇道を否定，仁義に基づいて民衆の幸福をはかる王道政治を主張した。**

① 「古来の儀礼を排する」「天の意志に左右されない人間中心の政治」などが誤り。孟子は易姓（えきせい）革命の思想にみられるように，天の意志は人民の意志としてあらわれると考えていた。

③ 「法律を定め，各身分の役割を明確に」「為政者による臣下の統制」とあることから法家の思想である。

④ 「君臣の身分の区別なく，すべての人が農業に従事する平等な社会」を理想としていたのは農家の許行（きょこう）の思想である。

**8** 正解は ③

孔子の説く「**仁**」は家族に対する親愛の情が原点となっている。この家族間の愛情を自分と関わりのある人に対しても広げていこうとするもの。一方の墨子の**兼愛**は，孔子の仁のように家族や自分に関わる人だけに対する愛を否定するものである。区別や差異を認めない，無差別平等の愛情が「兼愛」である。

① 「自他の区別を一切立てない」は墨子の兼愛の立場である。よって誤り。

② 「仁は弱者に対するもの」，「兼愛はまず貧しい者に対する」が誤り。

④ 「『忍びざるの心』と言われ，見過ごしにはできないという単なる気持ちだけ」が誤り。惻隠（そくいん）の心は黙って見過ごすことができず，行動に移してしまうのであるから，気持ちだけとはいえない。

**9** 正解は ①

引用文に「父親にとっての孝子というものは，君主には逆臣なのである」とあり，韓非子は孝が国家秩序と衝突してしまうものであると認識していたことが読み取れる。

② 「孝は国家秩序と衝突しない」が誤り。
③ 「孝は国家秩序の基盤となる徳である」が誤り。孝は，親子の間の愛情のことである。
④ 「孝は国家秩序を超越した徳である」が誤り。

**10** 正解は ①
「孔子は，祖先に対する祭祀儀礼を批判し」とあるが，**礼は祖先を祀る祭祀儀礼に端を発するもので，礼儀作法や社会規範の中にはこのような祭祀儀礼を大切にすることも含まれている。**
② 「**孝悌**なるものは，それ仁の本なるか」と孔子は説いている。
③ 孟子は基本的な人間関係のあり方として**親**（親子の親愛の情）・**義**（君臣の礼儀）・**別**（男女のけじめ）・**序**（兄弟の序列）・**信**（友人の信頼）の**五倫**の道を示した。
④ 朱子学で強調された『大学』の中の言葉に「**修身・斉家・治国・平天下**」がある。身を修め，家を斉（ととの）え，国を治め，天下を平らかにする，と読むがつまり，自分の身を修められない人は家をととのえられないし，国も治められない。結果天下は平和にはならない，まずは自分の身を修めるところから始めよという，孔子から続く儒教の政治理念である**修己治人**（己を修めることによって人を治める）を説いたものである。

**Point** 儒教の教典とされたのは五経（『易経』・『詩経』・『書経』・『礼記』・『春秋』）だが，宋代の朱子が四書（『論語』・『孟子』・『大学』・『中庸』）を重んじたことから，四書五経と併称されるようになる。出題された際にわかるようにしておこう。

**11** 正解は ②
世界は**理**（万物を貫く宇宙の原理）と**気**（物質的な素材）で構成されているという朱子の**理気二元論**の説明である。
①と③は「心のなかにのみ存在する理」が誤り。理はあらゆるものの中に含まれている。
①と④は「非物質的な気」が誤り。気は物質的なものとしてとらえられている。

**12** 正解は ②
朱子の説く理気二元論にもとづけば，われわれ人間も理と気で構成されているわけであるから，人間の本然の性は理である（性即理）。しかし気にもとづく欲望や感情といった気質の性にひっぱられてしまう。したがって気質の性を変化させ本然の性(理)にかえることが求められるわけであるが，これが居敬である。またわれわれは常に事物を貫く理を探求すべきであって，これが格物致知であり窮理である。
① 「**心即理**」から，王陽明の思想であるとわかる。文中にあるように「人はそのまま聖人」なのだから，心を良知に近づけるようにと説くのである。「居敬存養」は朱子の思想であり，常につつしみの心をもち，性を抑えて理に従う（**居敬**）ために，日々心を落ち着けて省察，存養の実践をおこなうことを指す。
③ 「心の良知を具体的な実践の場で鍛え上げていく事上磨錬（じじょうまれん）」も，**王陽明**の思想。実行できない知は真の知ではなく，具体的な実践において知を身につけるべきと説いたのである。
④ 「知行合一」を説いたのは王陽明，よって誤り。

**Point** 王陽明は南宋の儒学者陸九淵の説に従い，人の心の本体こそが理である（心即理）と主張し，朱子学を批判した。陽明学の心即理や致良知などの用語は，朱子学の性即理や格物致知を批判するためのものなのできちんと理解して覚えることが必要。王陽明は，理を事物に内在する客観的なものとする朱子学に反対し，理とは良知（生まれつき備えている善悪を判断する能力）をそのまま発揮する（致良知）ことでわれわれが実現していくものだと主張した。すなわち真の知とは行動することではじめて完成するのである（知行合一）。

**13** 正解は ③
文中には，「差別がなく万物が等しい境地」つまり**万物斉同**のこと，「偏見に囚われずに，心をむなしくする修養を通じて，天地と一体になることが必要」つまり**心斎坐忘**のことが書かれている。これらのことから**荘子**のことであると読み取りたい。
① 孔子の説いた「道」の説明。『論語』に「朝に道を聞かば，夕に死すも可なり」という孔子の有名な言葉があるが，孔子が求めたのは人倫の道である。
② 「人間の心のなかにも本性としてそなわるもの」と性即理を説いたのは朱子である。
④ 「人間の心の中に生まれながらに存在するもの」と心即理を説いたのは王陽明。

**14** 正解は ①
**老子**は道のように生きよと説いたわけだが，老子の説く**道**は，**万物をうみだす根源，あらゆる現象を成立させる原理ではあるが，人間の知性や感覚では認識できない神秘的な何かであり，名づけようもないので無とも呼ばれている。そして道から生まれたすべてのものは，またそこへ帰って行くとされている。**
老子はこの道を水にたとえており，水は万物をうるおしながら，なにものとも争わず低いところに流れてゆきそこで満足している，また水はどんな容器にもおさまる柔軟さと岩をも砕く強さを秘めているとする。『老子（道徳経）』では「上善は水の如し。水は善く万物を利して争わず。衆人の悪（にく）む所に処る。故に道に幾（ちか）し」と説かれているが，われわれもこうした柔軟でへりくだった心で生きるべき（**柔弱謙下**）であり，最後には勝利を得ると説いている。

② 「煩悩にまみれたものを浄化する」とあるが，煩悩という発想は仏教的であり，誤り。

③ 「無為自然の世界に遊び，何ものにも囚われない真人にならう生き方」とあるが，真人を理想としたのは同じ道家の思想家である荘子。

④ 「天の命に従う生き方」とあり，これは古代中国で信仰されていた天命の考え方である。

**15** 正解は ④

「道」を，万物を貫く様々な働きの根本原理であると捉えるのは朱子。宇宙の根源である理と人間の理を一体化させ，本性である善を取り戻すように説く。

**16** Aの正解は ③，Bの正解は ⑤

① 「法や刑罰のみによって人民を統治することに反対」とある。これは法治主義をしりぞけ，修己治人の考え方にもとづき徳治主義を説いた孔子の思想である。

② 「生があり死があるのは運命であり，両者を一体と見て」とあるが，これは**生死の区別すらも超越する絶対無差別の世界，万物斉同を説いた荘子**の思想であろうと推測できる。

③ 「水のように柔弱なあり方」は老子の理想の生き方である。

④ 「侵略戦争を否定」とあり，これは**非攻説**を唱えた墨子の思想である。

⑤ 「人に善があるのは……後天的な矯正による」とあり，性悪説を説き，礼による矯正を主張したのは荀子である。

**17** 正解は ③

孔子は肉親に対する愛情である孝悌を，他者へも向けていくことで仁が完成すると考えた。

「**万物斉同**」は荘子の中心的な思想。差別や対立は人為的に作られた物にすぎず，あるがままの無為自然の世界ではすべて等しい価値を持つと説く。

① 「**心斎坐忘**」は心を無にし，自己の心身を忘れて無為自然の道とひとつになることであり，「宇宙を支配する絶対神と一体となる」ことではない。

② 「**小国寡民**」は老子の説いた理想の社会。

④ 「天地の間に充満する浩然の気を養い」が誤り。**浩然の気**を養い，道徳的に完成された人物（大丈夫）を目指したのは孟子。

「**逍遥遊**」はありのままの世界をすべて肯定的に受け入れ，人為的な差別に振り回されない生き方を指しており，必ずしも他者との関係を断つ必要はない。

**18** 正解は ③

引用文を見ると生と死などの対立したさまざまなものに人間の感情は振りまわされがちであるが，「このような変化によって心の平和を乱す必要はなく……遭遇する出来事を春のような暖かな心で包むべき」とあることから，荘子の万物斉同の考え方であることを読み取りたい。

**Point** 無為自然を説く道家には老子と荘子がいるが，両者の違いに注意しよう。老子では道に即した生き方が強調されるが，荘子の思想では万物斉同の境地が特徴となる。あるがままの自然の世界には一切の対立・差別は存在せず，すべてが斉しい価値をもつ絶対無差別の世界であるという万物斉同の境地においては，人間の作り出した価値・区別は無意味であり，一切の束縛から解放され万物斉同の世界に遊ぶ様は逍遥遊といわれる。

こうしたあるがままの世界と一体となった人を荘子は真人（至人）とよび理想としたのである。

## 第6章 人間の尊厳

**1** 正解は②

イタリアルネサンス期の人文主義者，**ピコ＝デラ＝ミランドラ**は『**人間の尊厳について**』という文章の中で，神は人間を，あらゆるものの中間にある存在として創造したと述べた。そのような存在としての人間は，自己のあり方を自由に選ぶ能力をもっており，**自由意志による選択にこそ人間の尊厳がある**とした。

① 「人間がおかれた宇宙のなかでの位置によって決定」するとは述べていない。

③ 前世や来世にも触れていない。

④ 同様に，「快適な生活様式や社会関係を積極的に創り上げていく」という記述はない。

**2** 正解は②

**ルネサンス期には，古代ギリシアやローマの文芸復興を通して，キリスト教とは異なる人間像が再発見され，人間の尊厳が唱えられるようになった。**②にあるように，「異教的世界を再興」し，「神話的世界観が復活した」という説明は適当でない。

> **Point** イタリアで始まったルネサンス（"再生"という意味）は，古代ギリシア・ローマ文化を再発見することで，神中心のキリスト教世界から，人間中心主義へと転換していくきっかけとなった文芸復興運動である。これを「神中心から人間中心へ」というフレーズで押さえておこう。ヨーロッパ全体に拡大していくルネサンスの運動はその後，宗教改革へとつながっていく。宗教改革によってカトリック教会の権威が否定され，その支配から人々が解放されたことも，その後の自由な個人を中心とした近代市民社会が成立していくきっかけとなった。またこの時期に自然科学も発展していく。「ルネサンス」がヨーロッパの近代化の出発点として重要であることを意識しておこう。

**3** 正解は①

ボッカチオの代表作は『デカメロン』。『カンツォニエーレ』はルネサンス初期の詩人**ペトラルカ**の詩集。

② 万能人の代表である**レオナルド＝ダ＝ヴィンチ**は，解剖学だけでなく，**遠近法**を取り入れた絵画を制作したことでも有名である。

③ **アルベルティ**も，ダ＝ヴィンチ同様，文学，建築，音楽など幅広い分野で才能を発揮したルネサンス期の理想的人間。

④ **ダンテ**の『神曲』はダンテ自身が地獄界と煉獄界，そして天国界をめぐる過程の魂の遍歴を歌った，３部からなる長編詩集。

**4** 正解は④

「アテネの学堂」は**ラファエロ**の作品。他には聖母マリアが幼子イエスを抱いている「聖母子」を描いた作品が有名である。

① 「最後の晩餐」はレオナルド＝ダ＝ヴィンチの作品。**ミケランジェロ**も彫刻家・画家・建築家として活躍した万能人の一人で，作品としては「**最後の審判**」「**ダヴィデ像**」などが有名。

② 『神曲』でダンテは，人間の罪，苦悩する魂とその救済の道を描いた。

③ 『デカメロン』のなかで人間性の解放を表現しようとしたのはボッカチオ。**ボッティチェリ**はルネサンス期の画家で，作品としては「ヴィーナスの誕生」「春」が有名。

**5** 正解は②

**マキャヴェリ**は主著『**君主論**』で，人間は自分の能力で運命を支配し，欲望を満たそうとする存在であり，**君主は，ライオンのような強さとキツネの賢さでもって，あらゆる手段を使って人間を統治すべきである，と説いている。**

① プラトンの理想国家論（哲人政治）。

③ 絶対王政の理論的支柱となった王権神授説。

④ ホッブズの社会契約の考え方。

**6** 正解は③

Aはマキャヴェリの『君主論』で，そこにおいてマキャヴェリは，政治を宗教や道徳から切り離して権力闘争として描いており，近代政治学の祖とされる。

Bは**トマス＝モア**の『ユートピア』についての説明。トマス＝モアは，イギリスの政治家・人文主義者であり，エラスムスの友人でもあった。主著『ユートピア』で，当時のイギリスで起きていた囲い込み運動を批判したことでも知られる。

ヒュームは，18世紀のイギリスの哲学者で，ベーコンの流れをくむ経験論の立場を徹底し，懐疑論を説いた人物。ペトラルカは『カンツォニエーレ』を著したルネサンス初期のイタリアの詩人。

**7** 正解は③

ルネサンス時代にはレオナルド＝ダ＝ヴィンチのように，**力強い意志と幅広い知識を駆使してあらゆる分野において自分の能力を全面的に発揮することのできる「万能人」が人間の理想とされた。**

① ベルクソンによる人間の定義。ホモ・ファーベル。

② 中国の思想家荘子が理想とした人間像。

④ ドイツの哲学者ニーチェが理想とした人間像。

**8** 正解は ①

最大の人文主義者といわれたオランダのエラスムスは，神に対する人間の自由な意志はないとするルターと対立した。問題番号**9**の解説参照。

② イギリスの政治家・人文主義者である**トマス＝モア**は，エラスムスの友人。主著に『ユートピア』がある。

③ **カルヴァン**はルターに共鳴し，その指導をいっそう徹底させ，スイスで宗教改革をおこなった人物。問題番号**11**の解説参照。

**9** 正解は ③

オランダの**エラスムス**は当時の最大の人文主義者で，聖書の原点研究をもとに教会の堕落を批判した。しかし選択肢の説明にもあるように，**教会内部からの改革を支持，宗教改革とは距離を取り，ルターとは自由意志をめぐって論争をしている。**

① **『キリスト教綱要』**はカルヴァンの著作。

② **イギリスのウィクリフはルター，カルヴァン以前の宗教改革の先駆者。**

④ 「教皇などの特権的身分を認めない立場から」が誤り。**イグナティウス＝ロヨラ**は，プロテスタント勢力に対抗すべく，**イエズス会**を創設し，ローマ教皇の絶対的至上権を掲げて**反宗教改革運動**を展開した。フランシスコ＝ザビエルらとともに海外にも積極的にカトリックの伝道活動を行った。

> **Point** エラスムスとルターによる自由意志論争は有名なので押さえておこう。人文主義者であるエラスムスは自由意志に一定の役割を認め肯定したが，ルターはアウグスティヌスの人間観を継承しており，人間は自由意志によっては悪しか成し得ないと主張した。

**10** 正解は ①

**ルター**は，内面の信仰で神と結ばれるには，何よりも聖書にもとづかなければならない（**聖書中心主義**）とし，教会や聖職者のような仲介者を否定し，神を信じるものはすべて平等であり祭司であるという**万人祭司説**を説いた。主著**『キリスト者の自由』**

② カルヴァンの予定説と職業召命観に関する説明。

③ 信仰と理性の調和をはかり，キリスト教の信仰を体系的に説明しようとした，最大のスコラ哲学者トマス＝アクィナスの説明。

④ ルターの「キリスト者は，すべてのものの上に立つ自由な主人であって，誰にも従属していない」という思想は，ローマ教会の権威と権力のもとで抑圧されていた農民たちから支持を得たが，暴徒化することを容認したわけではない（当時ドイツ農民戦争が激化していたが，ルターは距離を置いていた）。

> **Point** 当時の聖書はラテン語で書かれており，一般の人たちには読むことができなかったので，聖書中心主義を掲げたルターは，聖書をドイツ語に翻訳している。活版印刷が発明されたこともあり，人々の間に聖書が広まり読まれるようになった。

**11** 正解は ②

**『神学大全』を著したのはトマス＝アクィナス。**ルターは，1517年に「**95か条の意見書**」をかかげて，僧侶の腐敗や教会のあり方を批判した。

① ルターは，人間は神への信仰のみによって救われるのであって，教会への寄進によっては救われないとし，教会の贖宥状（免罪符）販売を批判した。贖宥状とは，財政難に陥ったローマ教会が，魂の救済のためと称して売りつけた証書のこと。

③ カルヴァンは，すべての職業は神から与えられた使命であるという職業召命観を主張した。

④ カルヴァンは，人間の救いは絶対者である神によってあらかじめ定められており，人間はその決定を変えることも知ることもできないということを強調し，教会改革が必要であると主張した。実際にスイスの都市ジュネーブでプロテスタント教会の指導者となり，理想的なキリスト教都市の実現に取り組んだ。

> **Point** 予定説や職業召命観はカルヴァンだけの用語ではないので注意。カルヴァンの思想において特徴的なので強調されるが，ルターも予定説，職業召命観を説いている。ルターの聖書中心主義，福音主義，万人祭司説はプロテスタントに共通する思想となっている。

**12** 正解は ③

ルターやカルヴァンの宗教改革運動は，ローマ・カトリック教会側にも深刻な危機感と反省をもたらした。そして，教皇の至上権と教義が再確認されたり，スペインのイグナティウス＝ロヨラらが中心となりイエズス会が結成されたり，非キリスト教圏への活発な布教活動がおこなわれたりした。そのような一連の動きを反宗教改革という。

その結果，新旧両派の対立が激化し，悲惨な宗教戦争も勃発，過酷な宗教弾圧も起こった。

こうした時代にあって，人文主義の精神にもとづいて，人間のありのままの心情や日常生活の生き方（モラル）を探究する，**モンテーニュやパスカルなどのモラリストと呼ばれる思想家がフランスにあらわれた。**

**⓭ 正解は ④**

**モンテーニュ**は，ギリシアやローマの賢者たちに倣って，よりよく生きるための方策を，鋭い人間観察にもとづいた独自の視点から探究した。特にソク**ラテスの影響を受けたモンテーニュは主著『エセー』のなかで「私は何を知っているか（ク・セ・ジュ）」という標語を掲げ，謙虚に自らをふりかえることによって，偏見や独断から脱し，常に疑いを持って真理を探究し続ける懐疑主義の立場や，寛容の精神などを説いている。**

①②『法の精神』は三権分立を唱えたモンテスキューの著作。**モンテスキューは啓蒙思想家に分類される。**

**⓮ 正解は ①**

モンテーニュについては，問題番号⓭の解説参照。

② 道徳的判断は共感という感情によって行われると説いたアダム＝スミスの考え方。

③ パスカルは，人間は気晴らしによって自らの悲惨さから目を背けようとする存在であり，神の恩寵のみによって救われると説いた。

④ 人間は自由意志によって，「堕落した下等な被造物」としての動物にも，神のような存在にもなれると唱えた，ピコ＝デラ＝ミランドラについての説明。

**⓯ 正解は ②**

**モンテーニュは，反宗教改革によって新旧両派の対立が激化するなか，悲惨な宗教戦争や過酷な宗教弾圧を避けるため，宗教的寛容の立場をとった。**そして，主著『エセー』のなかで，対立を生む原因となるものごとへの偏見や独断をいましめ，謙虚に自己を吟味する内省的な生き方の大切さを説いた。

① パスカルの考え方。

③ デカルトの考え方。

④ マキャヴェリの考え方。

**⓰ 正解は ①**

人文主義の精神にもとづいて，人間のありのままの心情や日常の生き方を探求したモラリストである**パスカル**の，人間についての捉え方。

② パスカルは人間を「自然の支配者」とはしていない。

③ パスカルは「弁証法的な思考」はしていない。

④「神の愛によって救われるために，神から与えられた職業を全うする」という職業召命観はルターなどによって説かれた。

**⓱ 正解は ④**

**パスカル**は，人間を「考える葦（あし）」と呼び，一茎（くき）の葦のように自然のなかで最も無力で弱いものであるが，しかしまた，宇宙全体を飲み込むような思考の力を備えたものであると述べている。これは，**人間とは偉大さと悲惨さ，無限と虚無の間をさまよう中間者としての存在であるが，しかし広大な宇宙をとらえるほどの思考力をもち，自らが悲惨な存在であることを知っているがゆえに偉大である，**というパスカルの人間観を表現したものである。

①「人間は自然の中にその起源を持つ存在である」とは記述されていない。

②「人間はそもそも無力で孤独な存在である」とは書かれているが，合理的な思慮（しりょ）によって社会形成をするというようなことは記述されていない。

③「人間は定めなく思考を浮遊（ふゆう）させる存在」であるとか「自然の一部として大地に根づいて生きる」などという記述はない。

**⓲ 正解は ③**

**ヴォルテール**は，**フランス啓蒙思想家**の百科全書派の一人で，**『哲学書簡』**のなかで，ホッブズやロックなど，イギリスの合理的知性を紹介し，フランスにおいて戦闘的な啓蒙活動を展開した。

① 立法権・執行権・裁判権の三権の抑制と均衡を図るシステムの重要性を説いたのは**モンテスキュー**。

② フランス政府からの度重なる発禁処分にめげずに『百科全書』を刊行し，人民主権の立場から，封建制を批判したのは**ディドロ**。

④ **『人間不平等起源論』**において，憐みの情が文明の発展とともに失われていくという分析をしたのは**ルソー**。

> **Point** 啓蒙思想とは，理性の力で人々を伝統的な因習や迷信，無知から解放しようとする思想運動である。啓蒙思想家としては 18 世紀にフランスで活躍した百科全書派の思想家が有名（問題番号⓲参照）だが，理性の合理的な思考を重視する立場から，政治・道徳・宗教を合理的にとらえ直そうという流れとして見れば，イギリスの思想家ロックやヒュームなども啓蒙思想家であり，ドイツのカントは啓蒙思想の完成者と言われたりもする。百科全書派だけが啓蒙思想家ではないので注意。

# 第7章 科学・技術と人間

**1** 正解は③

アメリカの科学史家**クーン**は，**ある時代の科学者たちが共有している理論的な枠組みをパラダイム**とよび，その転換によって**科学革命**が起きると主張した。

① クーンは，実験のやり直しではなく，上記のようなパラダイムの転換によって科学の危機を乗り越えることができる，としている。

② フランス人思想家**リオタール**は，世界の多様な現実を「大きな物語」でとらえるモダンの時代は終焉し，それにかわって個々の具体的な状況で思考する「**小さな物語**」によって，とらえることがふさわしいポストモダンの時代の到来について説いた。

④ 「**ホーリズム**」とは，アメリカの分析哲学者**クワイン**の用語。クワインは，科学の命題（真偽の判断）は，その命題をもたらす思考の枠組み全体の体系と切り離して，個別に確証されたり反証されたりはできないとする「ホーリズム」の考え方を示した。

**2** 正解は②

**目的論的自然観**とは，アリストテレスから始まる，自然の世界を一定の目的によって説明しようとする自然観で，中世ヨーロッパへと受け継がれた。

① 目的論的自然観に対して，ルネサンス，宗教改革を経て確立した自然に対する新しい見方や態度としての**機械論的自然観**についての説明。**自然は物質によって構成され，一定の因果法則で動く機械とみなした。**

③ 自然界の出来事は意味も目的もなく無限に反復する，というニーチェの永劫回帰の考え方。

④ 「道具的な理性」とは，フランクフルト学派が用いた概念で，本来，人間の目指すべき目的や価値を批判的に探求する力であった理性が，目的を効率的に実現するための道具や手段と化してしまったと指摘した。

> **Point** 目的論的自然観から機械論的自然観への転換が近代自然科学の発展につながったとされる。中世ヨーロッパにおいてキリスト教の教義と結びついていた目的論的自然観から脱するきっかけをつくったのが，ガリレイやデカルト，ニュートンらである。

**3** 正解は③

**ガリレイ**は，ピサの斜塔で落体実験を行い自由落下の法則を発見したほか，自らが造った望遠鏡による天体観測を通して**地動説を支持**したため，２度にわたって裁判にかけられ有罪とされた。

① 楕円軌道などの惑星の運動法則を発見したのは，ドイツの天文学者のケプラー。

② 万有引力を発見し，自然は物質により構成され一定の因果法則のもとに動く機械と見なす**機械論的自然観**を完成させたのは，イギリスの数学者・物理学者であるニュートン。

④ 無限宇宙観を唱え，地動説を支持したため火刑に処せられたのは，イタリアの哲学者の**ブルーノ**。

**4** 正解は③

「何のために」宇宙や自然があるのかという目的論的自然観から，**自然がそのものに内在する法則にしたがって運動，そして変化するものと考え，その法則を捉えようとした機械論的自然観**への転換が近代の特徴。

① ピコ＝デラ＝ミランドラは，自由意志による選択にこそ人間の尊厳があると主張した人物で，地動説を唱えたのは**コペルニクス**。

② 無限宇宙観を提唱したブルーノは，異端者として火刑に処された。

④ 帰納法（きのうほう）を提唱した**ベーコン**の考え方。

**5** 正解は③

**ガリレイ**は，コペルニクスによって体系化された地動説の影響を受けて衛星の発見や惑星の運航の研究に成果を上げたほか，振り子の法則などの発見をした。（問題番号**3**の解説参照）

① 「地球を中心に天体が回っているとする天文学説」は天動説。ケプラーは，コペルニクスの地動説の影響を受けて惑星の楕円軌道の運動法則を発見した。

② 「普遍的原理から出発して自然現象を数学的に説明する」演繹法（えんえきほう）の考え方をしたのは**デカルト**。

④ 惑星の楕円運動を発見したのは**ケプラー**。また万有引力の発見は**ニュートン**の功績。

> **Point** 当時の自然科学者の多くは，自然科学の研究は神への信仰と反するものではなく，むしろ，この世界を創造した神の意図を知るために行われるものであり，自然法則を明らかにすることは神を賞賛することになると考えていた。

**6** 正解は④

**ベーコン**は，自然をありのまま観察し，役に立つ知識を得るためには，**人間の内面にひそむ先入観や偏見である四つのイドラ（幻影）**を取り除く必要があると考えた。

① 「個人的な性格の偏りや思い込みによって，事

物の本性を取り違える可能性がある」といった箇所が「洞窟のイドラ」の説明。

② 「種族のイドラ」の説明。

③ 「市場のイドラ」とは，言葉の不適切な使用に由来するもので，信頼関係にかかわるものではない。

**7** 正解は ③

『ノヴム・オルガヌム』は1620年に刊行された**ベーコン**の主著で，新しい学問探究の方法として，**イドラ（偏見）の排除**，個々の経験的事実から一般法則を見いだす帰納法，帰納法によって得られた知識は自然を支配する力になること（「**知は力なり**」），などが説かれている。

① 1687年に『**プリンキピア**』を著し，万有引力の法則を明らかにし，古典力学を確立したのは**ニュートン**。

② 演繹法を提唱したのは**デカルト**。主著『**方法序説**』。

④ 宗教戦争の時代に，批判精神の重要性や寛容の精神の大切さを説いたのは**モンテーニュ**。

**8** 正解は ④

**デカルト**は，理性を**良識**（**ボン・サンス**）とよび，良識は万人に等しく与えられていると主張した。また，明晰・判明な一般的な法則や原理から，理性による推理を通じて，個別的な真理を論証しようとする演繹法を唱えた。さらに，精神の本質を**考えること**（**思惟**）ととらえたのに対し，物体の本質は空間的な広がりをもつ**延長**であるとし，精神と物体はそれぞれ独立した実体であるとする**物心二元論**（**心身二元論**）を説いた。

> **Point** デカルトの物心二元論は，近代的自我の確立に道をひらくとともに，自然は神とは独立した物質的なもので，一定の法則のもとで動く機械のようなものであるとする機械論的自然観の形成にもつながっており，重要なのでしっかり理解しておこう。

**9** 正解は ④

**デカルト**は，絶対に確実な真理を得るために，すべてを疑うという方法（**方法的懐疑**）をとった。そして「わたしは考える，それゆえにわたしはある」，つまり疑っている「私」の精神が実在していることは疑いようがない，という真理にたどり着き，これを**哲学の第一原理**とした。

① デカルトは，精神と物体（身体）を独立したものととらえる物心二元論の立場に立ったが，医学的研究はしていない。

② デカルトの物心二元論では，精神と物体は互いに依存することのない独立した存在，と考えられているので，「物体を精神に基づくものとし」というのは誤り。また人間精神による認識の分析を，諸学問の基礎とはしていない。

③ デカルトは，方法的懐疑において，「数学的な知識」をも疑わなければならないとした。

> **Point** われわれの精神は身体から影響を受けるが，デカルトはこれを「情念」と呼んだ。感情や欲望などのこれら情念は精神の受動的な作用であるから，情念を理性的な意思によってコントロールし，精神の自由と独立を維持すべきことを説くわけだが，これを可能にするのを高邁の精神という。この精神と身体の関係は難しい問題であり，心身問題として後世に引き継がれることになる。

**10** 正解は ⑦

**ア**はアイルランド出身の哲学者**バークリー**の唯心論とよばれる考え方。

**イ**は生得観念を否定したイギリスの哲学者・政治学者ロックのタブラ・ラサ（白紙）の思想。

**ウ**は経験論の立場を徹底し，因果関係すら疑う懐疑論を主張したイギリスの哲学者**ヒューム**の思想。ヒュームは精神にあらわれるすべてを「知覚」であるとし，人間の精神も「知覚の束」に過ぎないと主張した。

> **Point** ベーコンの帰納法に代表される，経験を知識の源泉とする立場を経験論という。デカルトに始まる，理性を知識の源泉とする合理論と対立する。合理論の立場では，理性だけでなく，心に生まれつき備わっている生得観念があるとされたが，イギリス経験論の哲学者であるロックはこれを否定し，あらゆる観念は後天的に経験から生じると主張，これが「タブラ・ラサ（白紙）」というキーワードの意味である。このロックの立場を徹底させたのが懐疑論のヒュームであり，唯心論のバークリーである。

**11** 正解は ④

世界のあらゆる事象は，唯一にして無限の実体としての神のあらわれであり，神と自然を同一のものととらえる（「神すなわち自然」）とした**スピノザ**の「**汎神論**」の説明。そしてその世界は，**神の絶対的必然性**のもとにあるので，偶然的なものなど一切ない，とした（「永遠の相のもとに認識する」）。

① デカルトの「物心二元論」についての考え方。

② ライプニッツの「モナド（単子）」についての考え方。

③　ピコ＝デラ＝ミランドラの「自由意志」についての考え方。

Point　合理論の哲学者であるスピノザは，「デカルトは精神から始めたが，私は神から始める」と述べ，神の実在は疑いようがないとして，そこから世界を演繹的に説明しようと試みた。そしてデカルトの物心二元論に対して，精神と物体は無限で永遠の実体である神のもとで統合されると説いた。主著『エチカ』

⓬　正解は③

**ライプニッツ**は，デカルトからの合理論の流れを継承するドイツの哲学者。世界は「**モナド**（**単子**）」とよばれる**分割不可能な精神的実体**からなり，モナドは独立しており外部との関係を持たないが，世界は全体として調和するように神によって定められていると説いた（**予定調和**）。そしてその調和のあり方にはさまざまな可能性があるが，神はそのなかで最も善い世界を実現しているはずであると主張した（**最善説**）。

①　古代ギリシアの哲学者デモクリトスの考え方。
②　アイルランドの経験論哲学者バークリーの考え方。
④　デカルトの物心二元論（心身二元論）の考え方。

# 第8章　民主社会と自由の実現

❶　正解は⑤

**ア**　モンテスキューやヴォルテールなどの啓蒙思想家たちは，ヨーロッパ以外の文化に模範的な価値を見いだしたわけではない。
**イ**　理性の産物である科学が人間中心の立場から自然を改造する技術を発達させたことに啓蒙思想家たちは大きな影響を受けた。
**ウ**　ダランベールやディドロが編纂した『百科全書』は，人々に合理的・進歩的思想を普及させる役割を果たし，フランス革命をもたらす一因となった。

❷　正解は②

「良心」による「内的制裁」の重視という話は功利主義者のJ.S. ミルのもの。

**ロック**は，①でホッブズが考えたように，人間は自然状態において戦争状態に陥るのではなく，すべての人間は生まれつき自由であり平等であると考え，自然状態で人々は自然法の範囲内で自分の考えに従って行動すると考えた。

また，④のような人民主権の政治体制や所有権の保障を唱え，③のホッブズのような国家観とは違う市民のための政府という考え方を主張した。

❸　正解は④

**ロック**は，市民は立法権や執行権を政府に信託するが，政府が権力を濫用する場合に抵抗する権利（抵抗権）や，政府を解体して新しい政府を設立する権利（革命権）を持つと考えた。

①　知識は科学的思考ではなく，経験によって白紙（タブラ・ラサ）の心に書き込まれていくとロックは考えた。
②　自然状態では，所有をめぐって争いがおきたとき，それをおさめる制度や機関がなく，所有権は不安定な状態にあると考えた。
③　強大な権力による保護を求めたのはホッブズの思想。

Point　ロックに関しては『統治二論』ないしは『市民政府二論』という社会契約説に関する著書だけでなく，生得観念を否定し「タブラ・ラサ」を主張した経験論哲学の著書『人間知性論』も押さえておこう。

❹　正解は④

**ルソー**は，土地の私有にはじまる社会的不平等を合法化し，自由な人間を鉄鎖につなぐ文明社会を批判した。また，人間本来の自由を回復するためには，私益を目指す個人の**特殊意志**の総和である**全体意志**とは異なる，各個人のうちにあって公共の利益だけを目指す**一般意志**によって統治しなければならないと考えた。

**Point** 一般意志に服従することが「自由」であるという理屈を理解しておこう。ルソーによれば，人民の共同体において一般意志を形成するにあたって，全市民が参加する直接民主制が採用されており，一般意志には自分の意思も含まれている，つまり一般意志の命令に従うということは自分自身の命令に自ら服従するということであり，他者に支配されていないので自由である，ということである。

**5** 正解は ②

ルソーは，自然状態では人々は自由で平等であるが，土地の所有が認められ財産がつくられると不平等が生まれ，そこから争いや支配と服従というような関係が生まれたと考えた。そして，それを克服するためには社会契約によって，各人が公共の利益をめざす一般意志によって結ばれた共同体を築く必要があると唱えた。

① 現代を「存在忘却の時代」と批判したハイデガーの思想。

③ ミルの質的功利主義の思想。

④ ロックの「タブラ・ラサ」の思想。

**Point** ルソーは理想的な自然状態から社会状態へと移行した結果，不自由・不平等が始まり堕落してしまった，として当時のフランス社会，文明を批判している。それが『人間不平等起源論』という著書である。

**6** 正解は ⑤

**ア** ロックは，政府の権力濫用に抵抗する抵抗権や新しい政府を設立する革命権を説いた。

**イ** モンテスキューは，三権分立を説き旧体制の変革を促した。

**ウ** アーレントは，コミュニケーションを通した公共性の復権を説いた。

**7** 正解は ④

カントは，人間の認識は，**感性**を通して経験的に得られた素材を，先天的に与えられている理性の働きである**悟性**が分析・統合することによって成立すると説明したが，この感性と悟性が協働して認識が成立するとしたカントの認識論は，後天的に得られる経験重視の経験論と，先天的な理性能力重視の合理論を総合したものとみることができる。またカントは，**自由**とは自らの意志のみで道徳法則を立て，それに従って行為を選択することとしている。

**8** 正解は ②

カントは，従来の「認識が対象に従う」という認識論を，「対象が認識に従う」というものに変えた。これを**コペルニクス的転回**とよぶ。

① 時間・空間という形式をもつのが**感性**であり，量・質・関係・様相という4つの形式をもつのが**悟性**である。

③ カントは，人間が認識できるのは現象であって，その背後にある物自体は認識できないと考えた。

④ カントは，神，宇宙の始まり，自由，霊魂の不滅など，人間の経験を超える事柄は，認識にかかわる理論理性ではあつかうことができないが，道徳にかかわる実践理性において扱うことが可能だとしている。

**9** 正解は ①

**カント**は，人間は理性的な存在であると同時に，自然の生き物として，自分の感情や欲求にとらわれて，道徳法則を守れないことがあると考えた。しかし同時に，実践理性によって，みずから法を立て，それに従うことのできる存在になることができると考えている。

② カントにとって**道徳的**であるとは，定言命法に則って自らの意思で普遍妥当性をもつ道徳法則をたて，それに従って行為した場合である。「自己や他者のためを思った行為」というのは関係がない。

③ 利益になるかならないかというのは功利主義的な考え方。

④ 「物事の両面性を見極め，どう行為すべきかを判断」というのはカントとは関係がない。②の解説参照

**10** 正解は ④

カントは，**善意志**にしたがって道徳的に行為することを義務と呼び，道徳的な行為とは自ら立てた道徳法則に従って行為を選択することであると考えた。ここでカントは行為の**動機**を重視しているのであり，結果で行為を選択することに道徳性を認めない。例えそれが義務にかなっていたとしても，それは適法性があるだけで道徳性はない，としている。

① カントにとっては，「信用を得て商売に成功し，ぜいたくをすることが目的」という結果を求めて行為を選択しているのであれば，そこに道徳性はない。

②③ カントにとっては，「結果として義務にかなう行為」には適法性が認められるのみで，道徳性

は認められない。

**11** 正解は②

カントの，実践理性における**定言命法**の第一法則の説明である。定言命法は「常に～せよ」と表現される無条件の命令である。「もし…したければ～せよ」という条件付きの命令が**仮言命法**であるが，これは目的を達成するための手段を命じるものであって道徳法則にはなりえない，とカントは述べている。

① **アダム＝スミス**の道徳感情論。彼は他者の快楽や苦痛をともに感じ，共有できる枠の中において行動する限り利己的な行動が許されるとして，**共感**（**シンパシー**）を道徳原理とした。

③ 「主観的な格率と客観的な制度とが統合された道徳」はヘーゲルの説いた**人倫**のこと。

④ 社会の生産様式である下部構造が，政治，哲学，芸術，道徳などの上部構造を規定するとしたマルクスの唯物史観。

**12** 正解は④

カントの道徳論は**行為の動機となる義務を重視する「義務論」**の代表的立場である。**行為の結果を重視する「帰結主義」**の代表は功利主義である。

① サルトルの思想。

② ヘーゲルの考え方。

③ アダム＝スミスの思想。

**13** 正解は①

カントは意志の自律のうちに人間の尊厳を見出し，自律的な存在としての人間を**人格**とよぶが，人々がその人格を「目的そのもの」として互いに尊重し合う理想社会を**目的の国**と名づけた。さらに，**『永遠平和のために』において，国家をひとつの人格とみなし，人格主義の考えを国家間の関係にも当てはめて，国際的な連盟による永久平和を唱えた。**

**14** 正解は③

**ヘーゲル**は，すべてのものごとは弁証法に従って運動すると考えた。

① 構造主義の思考法。

② 分析哲学の思考法。

④ プラグマティズムの思考法。

**15** 正解は②

**ヘーゲル**は，**客観的な法と主観的な道徳の対立が総合されることによって，人倫という概念が生まれ，共同体における自由が実現されると考えた。**

① ヘーゲルは，市民社会では人々が利益を求めて競争するため対立や不平等が起こり人倫の喪失が起こると説明した。

③ ヘーゲルは，国家こそが「人倫の完成態」であると主張した。

④ ヘーゲルは，人倫の完成がもたらされるのは国家であると考えた。

**16** 正解は②

［A］に関しては，**カント**が「「道徳法則」に自ら従うこと」を真の自由であると考え，これを「自律」と呼んだことを知っていれば，「意志の自律」が選べるだろう。「意志の格率」とは，自らが立てたルール，法のことである。

［B］に関しては，説明文に「「人倫」の中に，真の自由が実現する可能性を見いだした」とあり，**ヘーゲル**が道徳と法の統合を「人倫」と呼び，人倫を三段階で考えていることから推測すれば「共同性」が選べるだろう。ヘーゲルは人倫の三段階において，素朴な共同性に基づく家族と，共同性の失われた，個人の自立性からなる市民社会が止揚された段階としての国家を考え，ここにおいて人倫は完成すると主張している。つまり，カントの個人の内面的な判断のみに自由の根拠を求めることを批判し，人倫の最高段階としての国家において実現するような共同性と自立性の中において真の自由は実現すると主張しているのである。

「功利性」はある行為が利益になるか否かで判断するということであるから関係がない。

**17** 正解は⑥

Aは弁証法によって人倫の三段階を説いたヘーゲルの歴史観。

Bは理想的な共同体としての目的の王国を実現するためには，国際的な平和維持機関の創設が必要であると提言したカントの永久平和論。

Cはモンテスキューの三権分立論。

Dはルソーの一般意志にもとづく社会契約論。

**Point** カントから始まるドイツ観念論の哲学者としては，ヘーゲルの他にフィヒテとシェリングも有名である。フィヒテは自我の哲学を確立し主観的観念論，シェリングは絶他者を求める客観的観念論を主張している。出題されたときに判別できるようにしておこう。

## 第9章 社会と個人

**1** 正解は ②

**アダム＝スミス**は，**『道徳感情論』**において，**道徳判断の基準を共感（シンパシー）に求め，利己心にもとづく利益追求は，公平な第三者（観察者）からみて共感を得られる範囲の中で認められるとした。**

① 幸福の分配において，各人は等しく一人として数えられるとし，「最大多数の最大幸福」の実現が道徳の原理となり，立法や行政の指導理念となるとしたのは**ベンサム**である。

③ 真理の有用性を説いた**ジェームズ**の主張。

④ 快楽の質を重視して質的功利主義を唱えた**J.S.ミル**の考え方。

> **Point** 資本主義経済が成立し，近代市民社会が形成されていくなかで個人主義も確立していった。新しい社会において個の利益と社会の利益をいかに調和させるか，にいち早く答えたのがアダム＝スミスだったのである。

**2** 正解は ④

功利主義の創始者である**ベンサム**は，幸福とは快楽であるとし，「**最大多数の最大幸福**」の実現のために，**快楽を数量計算したうえで，個人の効用（快楽）の合計を最大化することを重視した。**

① カントの動機を重視する道徳論に近い。**ベンサムは，動機よりも行為のもたらす結果を重視して**いる。

② ベンサムは自分の幸福だけではなく社会全体の幸福を最大化することを目指しているので，誤り。

③ この考え方は，社会契約説をもとに「公正としての正義」を説いたロールズの正義論に近い。

**3** 正解は ③

**ベンサムの快楽計算**の７基準（強度・持続性・確実性・遠近性・多産性・純粋性・範囲）に従えば，持続性という基準から ③ が導き出せる。

① 「精神的な深さ」や「高尚さ」という快楽の質を問題にしたのはJ.S.ミル。

② ベンサムは，一人の人間はどこまでも一人であり，「１」という数字以上でもそれ以下でもないものと見なし，この立場から普通選挙制度を主張している。**地位や身分に関わりなくすべての人を等しく一人として扱うところに，功利主義の民主主義的性格が見て取れる。**

④ 苦痛は差し引かれるので誤り。

> **Point** ベンサムは質の異なる快楽を量に換算し計算できるようにすることで，道徳に客観性を与えて政策や社会改革の指導原理にしようと考えたのである。ベンサムの功利主義が量的功利主義といわれる理由である。

**4** 正解は ④

ベンサムは，すべての人間が，苦痛を避け，快楽を求める傾向にあるという事実にもとづき，**人間の利己心を抑制する外的強制力として制裁を説いた。**

① 信託による社会契約を説いたロックの主張。

② ベンサムの外的制裁に対して，**良心による内的制裁を重視したのはJ.S.ミル。**

③ **ベンサム**は，外的制裁を物理的，政治的（法律的），道徳的，宗教的の四つに区分したが，**そのうち政治的（法律的）制裁を最も重視した。**

**5** 正解は ①

**J.S.ミル**は，快楽には量の差だけでなく，質の差もあるとしてベンサムの量的功利主義を修正し，**質的功利主義**を説いた。ミルによれば，人間にとっては，感覚的快楽より人間の尊厳や品位にかなった精神的快楽の方が尊いのであり，功利主義道徳の極致はイエスの黄金律（おうごんりつ），「己の欲するところを人に施し，己のごとく隣人を愛せよ」であると述べている。

「満足した豚であるより～」とは，快楽には「質の低い快楽」と「質の高い快楽」があることを表わしたミルの有名なフレーズである。

② 個々人の利己的利益追求が神の「見えざる手」に導かれて社会全体の利益増大と秩序形成に貢献するというアダム＝スミスの主張。

③ ベンサムの功利の原理に関する主張。

④ 「善なる意志」からカントだとわかる。

> **Point** ミルは，最も質の高い快楽は，他人のために行動し，感謝されるなどして得た満足感であるとして，利他心を重視した。

**6** 正解は ③

**J.S.ミル**は，著書**『自由論』**で，**他者に危害が加わらない限り，個人の自由は最大限に尊重されるべきであるとする他者危害原則**を説いた。彼は，個性の発展のために，とくに精神的自由を重視し，個性の発展は社会の発展に不可欠であると主張している。

① パターナリズム（父権主義）の立場に立った強制。シートベルトを着用しないで被害を被るのは自分であり，他者危害の原則に該当しないので誤り。

②④ ミルは，他者に危害を加えない限り自由を制限すべきではないと考えているので，「誰もが認める正しい行為」も，「世論の強い反対」も自由

を制限してよい理由にはならない。

**7** 正解は ④

J.S. ミルは，妻ハリエットと共に女性解放のために尽力した人物でもある。彼は，『女性の解放』を著し，女性差別問題に関する社会の関心を喚起するとともに，第二次選挙法改正の議会において，イギリスで初めて女性参政権を要求する修正動議を提出している。

① 一般意志という言葉からルソーの主張であることがわかる。

② ロックの革命権（抵抗権）に関する記述。

③ マルクスの唯物史観（史的唯物論）の考え。

**Point** パターナリズム（父権主義）とは，強い立場にある者が，弱い立場にある者を慮り，その行動に介入・干渉すること。強者は相手のためを思って介入・干渉するわけだが，弱者の意向を無視するので，行き過ぎると人権侵害になりかねない，という問題がある。

**8** 正解は ②

**社会学**の創始者である**コント**は，人間の知識は，神ですべてを説明しようとする**神学的段階**から，現象の原因を抽象的な概念で説明しようとする**形而上学段階**を経て，自然現象において超越的，絶対的な原因の探求をやめ，**経験的事実から事実の関係性や法則性を帰納的に推論する実証的段階**にいたって完成すると考えた。そしてそれに応じて，社会も軍事的段階，法律的段階，産業的段階の三段階をたどり発展するとした。晩年に，全人類への愛と尊敬を説く**人類教**を創始した。

① 理性によって得られた明晰判明な観念を真理とみなす大陸合理論の主張。感覚的経験を真理獲得の阻害要因とみなす傾向がある。

③ コントは，本当の知識とは，経験的事実にもとづいて科学的・実証的に得られたものであると考えているので不適。

④ プラグマティズムを発展させたジェームズの主張である。

**9** 正解は ①

**ダーウィン**は『**種の起源**』を著し，環境に適応できる生存に有利な性質をもつ生物種が何世代にもわたり選択されることにより進化が起こるという**自然選択（自然淘汰）説**を唱え，神による動植物の創造の教えと対立した。

② **スペンサー**の**社会有機体説**。

③ ダーウィンの進化論に反対する創造論者は，聖書にあるようにすべての生物は創造主である神が個別に創ったと主張している。

④ この考え方が人間に限定されると，**優生思想**となる。優生とは，優れた遺伝形質を保存するということ意味するが，何をもって優劣とするかについて，恣意的判断がなされやすく，**人種差別や障害者差別などを招きかねない。**

**10** 正解は ⑧

**ベルクソン**はフランスの哲学者で，生命の本質を，生命の飛躍（エラン・ヴィタール）による創造的進化にあると説き，躍動する生命の創造的進化を中心とした非合理な生をそのままに捉える「生の哲学」を展開した。また人間を，道具を使って環境を改造する存在として「工作人（ホモ・ファーベル）」と定義した。

**スペンサー**は19世紀のイギリスを代表する哲学者の一人で，ダーウィンの生物進化論とは独立して**社会進化論**を構想し，社会は自然選択（適者生存）という進化の法則によって，軍事型社会から産業型社会に進化すると唱えた。

**コント**は**社会学**を創始したフランス人で，**実証主義**の立場を提唱した。（問題番号**8**の解説参照）

**シェリング**は，ドイツ観念論の代表的な思想家。彼は，精神と自然の二元論を否定し，それらは根底で同一であり，根源にある無差別な絶対者による発現であるという同一哲学を確立した。そして晩年は，観念によらず現実の存在のなかに物事の本質を探究しようとする思想を説き，実存主義に影響を与えた。

**11** 正解は ②

**オーウェン**は，環境が性格を左右するという性格形成原理を唱え，社会改良に取り組んだ人物である。彼は，ニュー・ラナーク紡績工場の経営者として，労働条件の改善などに取り組むとともに，経営的にも成功を収めた。その後，私財を投じ，北米で共産的共同社会（**ニューハーモニー村**）の実現を目指したが，失敗して全財産を失った。しかし，帰国後も，労働組合や協同組合を指導し，労働者の地位向上や婦人・児童の保護に努めた。

① **商業資本家が不道徳と無政府状態を招いたとして資本主義を痛烈に批判し**，生産と消費を協同でおこなう農村的協同体（**ファランジュ**）を基礎単位とする理想社会を目指した**フーリエ**についての説明。

③ **ウェッブ夫妻**や**バーナード＝ショウ**らによって設立された**フェビアン協会**の立場。彼らは，**暴力革命を否定し，議会制民主主義や啓蒙活動を通じて，漸進的な社会改良を目指した。**

④ 産業と科学を基盤に産業者が支配する純粋産業

社会を構想した**サン＝シモン**についての記述。

> **Point** オーウェン，サン＝シモン，フーリエは，人道的な立場から貧困や失業のない理想社会を構想した初期社会主義者である。資本主義に対する科学的な分析に欠けているとしてマルクスやエンゲルスから「空想的」と批判されたことから，空想的社会主義者とよばれる。

**12** 正解は ①

**マルクス**は，人間は，本来，孤立した存在ではなく，労働を通じて他者と連帯して生きる**類的存在**であるが，資本主義のもとでは，労働の類的共同性が失われ，人間が人間的なものから**疎外**されていると主張した。

② マルクスは，資本主義社会では，人間と人間の関係が，商品と貨幣との関係，物と物との関係に置き換えられ，人格の尊厳が失われていると考え，これを**物象化**と呼んだ。

③ **労働の疎外**についての説明。マルクスは，資本主義社会では，労働者が生産したものが労働者のものとならず資本家のものとされ（**生産物からの疎外**），人間の本質であった労働が苦役となり（**労働からの疎外**），労働者の社会的連帯が失われ（**類的存在からの疎外**），人間が人間性を喪失した状況（**人間の人間からの疎外**）に追い込まれていると主張した。

④ 物神崇拝についての説明。資本主義の商品経済は，人間を労働力という商品として販売し，本来，価値を生み出す源は労働であるにも関わらず，商品や貨幣にあたかも価値があるかのように崇める事態を作り出しているとマルクスは分析した。

**13** 正解は ②

**マルクス**は，物質のみが唯一の実在であるという唯物論の立場に立ち，法律・政治・学問・芸術・宗教など，人間の精神活動の諸形態（**上部構造**）は，社会の土台をなす生産様式（生産力と生産関係）すなわち**下部構造**に規定されていると考えた。その上で，増大する生産力と固定的な生産関係の矛盾が原動力となって，新しい生産関係の構築を目指す社会革命が引き起こされることで歴史は発展してきたとする**唯物史観**（**史的唯物論**）を提唱した。

① 「囲い込み運動」への批判を込めて私有財産制度のない理想社会を『ユートピア』で描いた**トマス＝モア**の主張である。

③ 「自己の天職に励んで富を増大させることは正当」としたのは，予定説の立場から，職業召命観を積極的に意義づけ，営利・蓄財を肯定した**カルヴァン**である。

④ 幸福追求の権利を各人に平等に認め，快楽を数量的に計算することで，個人の幸福の総和である「最大多数の最大幸福」を道徳と立法の原理として，私益と公益を調和しようとした**ベンサム**の考え方。

**14** 正解は ③

世界史を絶対精神が自由を実現する過程であるととらえ，「世界史とは自由の意識の歩みである」と説いたのは**ヘーゲル**である。

① 『資本論』の冒頭にある言葉。マルクスは，資本主義社会では，すべてのモノが商品として現れていると考え，『資本論』において，まず商品を分析するところから資本主義全体を分析しようとした。

② 『経済学批判』で唯物史観を定式化した部分。

④ 『共産党宣言』にある言葉。マルクスは，社会の土台をなす生産力と生産関係の矛盾が原動力となって，社会革命が起こり，歴史は発展するという唯物史観の立場に立ち，労働者階級（プロレタリアート）による革命が，資本家階級（ブルジョワジー）との対立を解決し，階級闘争を終焉させると説いた。

**15** 正解は ①

マルクスは，労働者階級（プロレタリアート）が社会革命を起こし，資本家階級（ブルジョワジー）を打倒することで，生産手段を公有し，一切の抑圧や支配のない共産主義社会が実現されることが歴史の必然であると説いた。

② **フーリエ**の考え。（問題番号**11**の ① の解説参照）

③ 資本主義の最終段階である**帝国主義**の国家は，少数の支配階級が他の階級を抑圧的に支配する権力機構であるので，社会主義国家の実現のためには，暴力革命によってそれを打倒しなければならないと主張した**レーニン**の考え。

④ **議会制民主主義にもとづく合法的な方法で，漸進的に社会改革を進め資本主義の弊害を取り除こう**としたのは，イギリスの**フェビアン協会**やドイツの社会民主主義，修正主義の**ベルンシュタイン**の主張である。

> **Point** マルクスの思想を継承，発展させたレーニンは，『帝国主義論』において帝国主義の時代には暴力革命しかないとし，ロシア革命を指導して社会主義国家の建設を実現させた。レーニンとマルクスの思想を区別するときには「帝国主義」がキーワードになるので押さえておこう。またマルクス，レーニンの思想を受け継ぎ，「新民主主義」を掲げ，中国革命を成功させたのが毛沢東である。

**16** 正解は ①

**プラグマティズム**は，ピューリタニズムの宗教倫理とイギリス経験論や功利主義の伝統に，新大陸の開拓に取り組んだアメリカ人のフロンティア・スピリット（開拓者精神）が加味されて成立した，知識の実用性を重視するアメリカの思想である。

② 大陸合理論ではなくイギリス経験論なので誤り。

③ 「その方法は思弁的であり，実生活とは隔絶された思想」という部分が誤り。

④ プラグマティズムは，実用性は重視するが，決して科学的認識を軽んじたわけではない。プラグマティズムでは，真理の実用的効果を判断するために，仮説を立てて検証する実験的方法を社会生活へ適用することが重視されている。また，プラグマティズムは，「日常生活の知恵を基盤とする思想」ではない。

**17** 正解は ③

**パース**は，観念を明晰（めいせき）にする方法としての**プラグマティズム**を提唱した哲学者である。

資料文中の「信念の違いは，その信念によって生み出される行動の仕方の相違によって区別される」という箇所と「表現の仕方で異なっているだけの信念はしばしば異なったものとされるが，その区別は架空のものなのである」という箇所から ③ であることがわかる。

① 「同じ習慣的な行動であっても，異なった信念に導かれている」が誤り。同じ行動を導くのであれば，同じ信念とするのがパースの主張である。

② 「客観的な行動を導く意識の違い」ではなく，「行動の仕方の違い」が重要なので誤り。

④ 「表現の違い」ではなく，「行動の仕方の違い」が重要なので誤り。

**18** 正解は ④

**ジェームズ**にとって真理とは，普遍的・固定的なものではなく，その時その場に応じて，行動で実証され，有用であることが確証されるものである。したがって，**相対的・個別的・条件的な真理**となる。

① 洞窟のイドラを排除すべきだというベーコンの主張。

② ヘーゲルの弁証法の考え。

③ モナド（単子），予定調和はライプニッツの用語。

**19** 正解は ④

資料文を読めば，「優柔不断（ゆうじゅうふだん）な輩（やから）」の決まり文句から逆説的に「人類の奉仕者」の叫びが導き出せる。

① 問題文にある禁止行為に関連させて作られた選択肢。人類の奉仕者がしてはいけないことをすると主張するのはおかしい。

② 許容行為に関連させて作られた選択肢だが，これでは，優柔不断の輩の主張になってしまうので誤り。

③ 義務行為に関連させて作られた選択肢であるが，「敢然と危険な任務に身を投じ」ようとする「熱烈な人類の奉仕者」の考え方とは言えない。

**20** 正解は ③

**デューイ**は，**知性や思考とは，現実的な困難に直面した際，問題を解決し，環境に適応していくための道具である（道具主義）**とともに，現状における問題を解決することで，状況に対応した自由を実現し，未来を切り開くもの（**創造的知性**）であるべきだと考えた。

① マルクスの主張。

② ベンサムの功利主義。

④ 社会進化論の立場から自由放任主義を説いたスペンサーの主張である。ちなみに，「適者生存（てきしゃせいぞん）」という言葉は，ダーウィンではなくスペンサーが作り出した造語である。

> **Point** デューイは教育学者としても有名で，『民主主義と教育』を著し，民主主義を守っていくためには，問題解決をはかり未来を展望する能力としての創造的知性を育てることが重要であるとし，教育改革を提唱した。

# 第10章 近代的人間の見直し

**1** 正解は ①

他人と自分を比較することによって引き起こされた劣等感やコンプレックスのことを指しており，実存的な不安とは異なる。

② **ハイデガー**は，「世界-内-存在」として，物や他者に関心（配慮）を示しながら生きている人間の根源的な存在不安を開示した。

③ **サルトル**の実存的不安。人間は，何の意図もなく，世界に投げ入れられた存在であり，自分の生き方を常に自己の責任において選択しなければならない。このような無目的性やそれにともなう自分のあり方・生き方に対する責任への不安を，サルトルは，実存的不安と捉えた。

④ **ヤスパース**は，死，苦，争い，罪などの限界状況に直面したとき，人間は不安に苛（さいな）まれ，挫折（ざせつ）や絶望を経験し，自らの有限性を自覚すると説いた。

> **Point** 「いま，ここに生きる私」の存在を探究しようとする実存主義は，有神論的実存主義としてキルケゴール，ヤスパース，無神論的実存主義としてニーチェ，ハイデガー，サルトル，と分けて覚えておこう。

**2** 正解は ③

**キルケゴール**は，『現代の批判』において，現代人は新聞（マスコミ）の情報に流され，画一化して，情熱と主体性を喪失（そうしつ）して**水平化・平均化**してしまったと痛烈に批判している。

① ルターについての記述。

② キルケゴールの「死に至る病」ではなく，**ハイデガー**の「**ひと（ダス・マン）**」の記述。

④ 『異邦人』『シーシュポスの神話』『ペスト』などの著作で，**人間存在の不条理を追求し続けたフランスの実存主義的作家カミュ**についての記述。

**3** 正解は ①

**キルケゴール**は，ヘーゲルの弁証法を量的弁証法として退けつつも批判的に継承して，美的実存から倫理的実存を経て，宗教的実存へと深まっていく実存のあり方を「**実存の三段階**」で説明した。各段階は絶望を契機とする質的な飛躍によって乗り越えられるのでこの論理を質的弁証法という。

まず第一は，「あれも，これも」と欲望に導かれて，快楽を追求する ③ の**美的実存の段階**である。だが，結局のところ心が満たされないばかりか，やがて人は自己を見失い，不安と絶望に陥って苦悶することになる。

第二は，美的実存において絶望した人間が，本来の自己を回復すべく，質的に飛躍し，「あれか，これか」の決断で，快楽の追求を断念し，良心に従って生きようとする ② の**倫理的実存の段階**である。しかし，倫理的であろうと努力すればするほど，自らの不完全さを思い知らされ，虚無感や倦怠感に襲われて，またもや人間は絶望することになる。

この倫理的実存における絶望を踏まえて質的に飛躍した第三の段階が，**宗教的実存の段階**である。キルケゴールは，神と人間の質的な矛盾・断絶を，論理を超えた信仰の情熱によってのりこえ，有限な存在である人間が，「恐れとおののき」の中で，**ただ一人神の前に立つ単独者**として生きることで真の自己を回復しようとした。それは，まさに ④ に示されている，主体的な自己のあり方を明らかにするための「そのために生き，そのために死ねるような」**主体的真理**を見いだす思想に他ならならず，① にあるような他者救済による社会性の獲得を目指すものではない。

**4** 正解は ①

**ニーチェ**は，神の死を宣告し，神に頼らず，神に代わって**新たな価値を創造する超人となって，ニヒリズムを克服せよと説いた。**

② キルケゴールに関する記述。

③ 死への存在であることを引き受けることによって，本来的な自己に立ち返ることを説いた**ハイデガー**に関する記述。

④ フッサールの現象学に着想を得て，知覚するものと知覚されるものの双方に跨る身体の両義性に着目した**メルロ＝ポンティ**の説明。彼の考察によれば，身体を離れて，私が存在することも私にとっての世界が存在することもなく，**身体は主体であるとともに客体でもある。**

**5** 正解は ②

**永劫回帰**と**運命愛，能動的ニヒリズム**についての文章だと推測できれば，**ニーチェ**の思想についての記述と判定するのは容易である。ニーチェは，人生の意味や目的を見失って，退廃的に生きる生命力の欠けた状態（受動的ニヒリズム）を激しく批判した。そして，それを克服するために，無意味で無目的，不条理や不可解に満ちた世界が永遠に繰り返される中にあって（永劫回帰），それに耐え，**力への意志**を堅持し，「これが人生か，さらばもう一度」と積極的にそれを受け止めて生きる（運命愛）態度，すなわち能動的ニヒリズムへの転換を説いた。

① ルソーの第二の誕生についての記述。

③ デューイの創造的知性に関する記述。

④ ショーペンハウアーの思想に近い。**ショーペン**

**ハウアー**は『意志と表象としての世界』において，世界は自己の表象であり，世界の本質は**生への盲目的意思**であると考え，この世界の苦から脱却するためには意志の滅却が不可欠であるとする厭世的な哲学を展開し，ニーチェに大きな影響を与えた。

**6** 正解は ②

**フッサール**は**現象学**の創始者。「現象学」とはあらゆる学問の基礎となりうる「厳密な学」としてフッサールが構想した哲学。**ハイデガーやサルトル，メルロ＝ポンティなどに強い影響を与え，現代思想の潮流の一つとなった。**

その哲学は「事象そのものへ」を標語に，意識に直接的に与えられる対象（ノエマ）を先入観にとらわれず直観により定立（ノエマが客観的存在として意識されている状態）し，存在者（客観）の本質へと迫ろうとするもので，その試みは，認識する主観と認識される客観がいかにして一致するのか，という問題に答えようとするものである。そのための方法としてフッサールは**現象学的還元**という態度を提唱する。これは**意識の対象となる外の世界（その実在も含め）や，事物への判断などをすべて一度カッコに入れて判断を保留し（エポケー），意識に現れる現象をそのまま分析しようということである。**

**イ**の「人間は，他者との関係を通じてその自己を外化することにより，自由を獲得することができる」はヘーゲルの思想。

**7** 正解は ②

現象学的還元を通じて，**フッサール**が主に行ったのは，事物知覚の本質構造の記述，つまり，私たちの確信が成立する条件を明らかにすることであった。客観的な世界があるとする私たちの素朴な態度をいったん停止して，そのような確信が生じる条件や理由を自分の意識の内側に探っていき，意識にあらわれる現象をありのままに記述し，分析していくのである。

フッサールは，晩年，「人間によって生きられる世界」の解明を試みたが，彼に学んだ**メルロ＝ポンティ**は，その「生活世界」の考え方を引き継ぎ，主体と客体の両義性を持つ「**生きられた身体**」に着目しつつ，抽象的な思考を超え，身体によって生きられた世界の体験を分析しようとする独創的な思索を展開した。

① 人間は気がつけば既にこの世界に投げ出され，誕生とともに死へと向かう存在であると主張したのは**ハイデガー**である。

③ 世界には何らの意味も目的もなく，一切は偶然的に存在しているという不条理を直視しながら，絶望のなかにあっても真摯に生きることに価値があると説いたのは**カミュ**である。

④ フッサールは，近代科学と古い形而上学を厳しく批判して，「生活世界」を取り戻すことを主張したが，「あらゆる物事の妥当性を懐疑して，学問の絶対的確実性を否定する立場」に立ったわけではない。

> **Point** フッサールの現象学やメルロ＝ポンティの身体論は近年頻出なのでしっかり押さえておこう。

**8** Aの正解は ①，Bの正解は ③

① 「死，苦，争い，罪といった状況」（限界状況），「超越者」からヤスパースと判断できる。

② アダム＝スミスの考え。

③ 「死への不安」から死への存在，「日常の世界に埋没」からダス・マン（ひと，世人）を類推できればハイデガーだとわかる。

④ **超自我**が良心形成の精神的機能となっているとした**フロイト**の説。

**9** 正解は ④

④は，「**実存は本質に先立つ**」と述べた**サルトル**の主張である。常に自分に対して向き合い，未来の可能性に向かって自分を「投企」し，自らの道を切り開いて行く人間存在のあり方を，サルトルは「対自存在」と名付けた（問題番号**12**の解説も参照）。

① ハイデガーは，ただ単に存在するだけの事物と異なり，自らの存在に関心をもち，その意味を問うことができる人間独自のあり方を**現存在（ダーザイン）**とよんだ。

② ハイデガーによれば，人間は，世界のなかに投げ込まれ，世界によって規定されている**世界－内－存在**である。しかし，それは空間的に世界の内部に存在しているということを意味するものではない。**現存在**である人間は，**自らを了解しつつ存在し，存在そのものに関与する存在者であり，自らが投げ込まれた世界のなかで，さまざまな他者や事物に配慮し，かかわりながら，この世界を理解しつつ存在せざるを得ない世界－内－存在という構造をもっている**のである。

③ 人間は，普段，死の不安から目をそらし，日常世界に埋没し，他者や物への関心や気晴らしに逃げ込んでいる（ダス・マン）。しかし，そうした主体性を欠いた生き方をしていると，本来的な自分を見失ってしまう。ハイデガーは，**良心の叫び声**（本来的自己の声）に耳を傾け，他ならぬ自分自身が**死への存在**であることを自覚することで，本来の自己（実存）に立ち返ることを説いた。

**⑩ 正解は ②**

消去法と「根源としての存在の呼びかけに従わねばならない」という記述から，②がハイデガーであると判別する。

① **パスカル**の主張。

③ 生命の本質を，生命の飛躍（エラン・ヴィタール）による創造的進化にあると説いた**ベルクソン**の主張である。ベルクソンは，生命は不断の創造的活動として持続的に飛躍するものであり，完結した世界を前提とする目的論や機械論ではとらえきれないとする**生の哲学**の立場を標榜した。

生の哲学とは，理性主義，実証主義，唯物論に対抗して，19 世紀後半から 20 世紀前半にかけて西欧で展開された，ショーペンハウアーやニーチェに端を発する哲学の一潮流をさす。

④ 現象界の自然法則を認識する理論理性の限界を指摘し，道徳の世界（英知界）には，実践理性がもたらす道徳法則があるべきだと主張したのは**カント**である。

**⑪ 正解は ⑥**

**ハイデガー**は，日常生活において，自らの死から目をそらし，世間に埋没して，他人と同じように振る舞う，非本来的なあり方を「ひと（世人，**ダス・マン**）」とよんだ。こうした日常に埋没し非本来的なあり方をしている人間に転機を与えるのが，「**不安**」である。不安は，将来の不確定さ，とりわけ死の可能性からもたらされる。死は，いつかはわからないが，誰にでも確実に訪れる可能性である。この不安の中で，人間は，自らの存在に目覚めよという良心の声に従い，有限で代替不能な自らの人生を真剣に生きようとする本来的な自己（実存）に立ち返るのである。

後期のハイデガーは，近代的人間は，存在という「**故郷**」を喪失し，存在するものを対象として支配するようになったと批判した。彼は，人間を自然の主人と見なし，自然を利用する西洋の人間中心主義に警鐘を鳴らした。

「ルサンチマン」がニーチェ，「絶望」がキルケゴール，「人倫」がヘーゲルの用語であると判断できれば，消去法でも解答が可能である。

**⑫ 正解は ④**

**サルトル**は，人間は，あらかじめ本質が定められている単なる物とは異なり，自らの自由な行為によって自己のあり方を定めていく存在であるとし，このような人間独自のあり方を「**実存は本質に先立つ**」と表現した。

① サルトルによれば，人間は，他者との関係のなかで存在しており，その選択は他者との関係において行われ，他者を巻き込まずにはいられない。従って，**人間の決断は私的ではあり得ず，常に全人類への責任を伴う。しかし，この責任を回避せず進んで引き受け，社会的に連帯すること（アンガージュマン）が必要なのである。**

② サルトルは，人間は，それ自体で存在する事物（即自存在）とは異なって，未来に向けて投企しつつ，自己を意識する存在であると考え，そうした人間の有り様を，**対自存在**とよんだ。

③ サルトルによれば，人間は自由な存在である。だが，自由に自分の生き方を決められるということは，その選択の責任がすべて自分にかかることを意味する。サルトルは，人間のこのあり方を「**自由の刑に処せられている**」と表現した。

**⑬ Aの正解は ⑤，Bの正解は ④**

人間を自由な存在ととらえている点，全人類への責任を唱えている点から，⑤はサルトルである。

④は西ドイツの元大統領**ヴァイツゼッカー**が，敗戦 40 周年にあたる 1985 年に連邦議会でおこなった有名な演説の一部。

① ハンセン病患者と向き合う中で，生きがいについての考察を深めた精神科医**神谷美恵子**に関する記述。

② 「限界状況」から**ヤスパース**と判断できる。

③ **夏目漱石**は，社会的なしがらみから免れつつも，エゴイズムに陥ることなく自我の内面に従って生きる倫理的なあり方を「自己本位」と名付けた。

**⑭ 正解は ②**

**フェミニズム**とは，一見明らかな文化的価値観や社会構造の中に性をめぐる支配が存在していることを明らかにし，**性差別の撤廃を求め男女同権を目指す思想**をいう。

第 1 波は，メアリー＝ウルストンクラフトによる『女性の権利の擁護』を端緒とし，J.S. ミルの『女性の解放』に顕著に示されているように，女性の経済的自立や教育機会の均等，女性参政権運動などがめざされた。

第 2 波は，第二次世界大戦後に生じ，社会習慣や社会意識に根ざした性差である**ジェンダーからの解放**が唱えられた。この思想に強く影響を与えた**ボーヴォワール**は，**『第二の性』**の中で，**「ひとは女に生まれない，女になるのだ」とジェンダーからの解放を主張した。**

また，アメリカではベティ・フリーダンの『女らしさの神話』を火付け役にウーマン・リブ運動が盛んにおこなわれた。

① フェミニズムは，男女の同権を目指す思想であるため誤り。

③④ これまでの伝統や習慣により作られた，性別役割分業などを肯定する内容となっているため誤り。

**Point** 「セックス」が生物学的に決定されている性差であるのに対し，「ジェンダー」とは社会的文化的に決定されている性差をいう。男らしさ，女らしさというものがジェンダーである以上変えていくことが可能であり，そこに潜む女性差別を解消してくことを目指すのが現代のフェミニズム運動である。

**15** 正解は ④

**エディプス・コンプレックス**は，男児が父親に敵意を抱き母親の愛情を独占しようとする心理のこと。

① **フロイト**は，心には「エス（イド）」，「自我（エゴ）」，「超自我（スーパーエゴ）」の三つの機能があり，「**エス**」は本能的衝動的な心的エネルギーの部分，「**超自我**」は理想や価値，禁止や命令の体系を作り，自己を観察して評価する機能を担っている部分，「**自我**」は現実認識を考慮しつつ，超自我に配慮し，エスの衝動を現実に合うよう調整する機能をもつ，とした。

② 「エス」は，人間の根源的欲求であるエロスとタナトゥス（タナトス）をはじめとする欲求充足を求める快楽原則に支配された本能的衝動とも言うべきものである。

③ 防衛機制は欲求不満の原因そのものを除去するわけではない。

**16** 正解は ⑤

**フロイト**は無意識の領域を理論化し，精神分析という新しい治療法を確立した。フロイトは，無意識の領域に抑圧された性的衝動であるリビード（リビドー）を文化的社会的に価値あるものに向け変えて解消していく**昇華**に注目し，リビードが芸術や文化，宗教に深くかかわっていることを主張した（問題番号**15**の解説も参照）。

**イ**は**ソシュール**の言語論の説明。我々の発話行為（パロール）が価値の体系である言語体系（ラング）に支配されていることを指摘した（問題番号**18**の解説も参照）。

**17** Aの正解は ④，Bの正解は ②

① スイスの発達心理学者**ピアジェ**の脱中心化の理論。子どもは児童期になって自己中心的認識から脱し，複数の視点を内面化して客観的な認識が可能になる。

② **ユング**の理論。ユングは，**個人的無意識の深層に人類に共通する集合的無意識**が存在すると主張した。様々な神話や宗教に同じイメージが見出されるのは，集合的無意識に共通のイメージである**元型**を共有しているからであり，元型としては理想の女性像（アニマ），男性像（アニムス）やすべてを受容するグレート・マザーなどが挙げられている。

③ フランスの構造主義的精神分析学者のラカンの鏡像（きょうぞう）段階論。ラカンによれば，人は鏡像のような自己の外部の像（イメージ）に満足すべき自己像を見ようとし，生涯自己イメージに囚われた存在になる。

④ **フロイト**の理論（問題番号**16**の解説も参照）。

**18** 正解は ④

**ア** 行為の結果の望ましさによって真理が相対的に決定されるとする「有用主義」の考えを提唱したのはプラグマティズムの思想家**ジェームズ**。

**イ** アメリカの科学史家**クーン**は，著書『科学革命の構造』の中で，「ある社会や時代の科学に共有された理論的枠組み」のことをパラダイムと呼び，パラダイムが観察や経験の蓄積からではなく，その理論的な枠組み自体が大きく変わることで科学が変化していく（パラダイム・チェンジ）とした。

**ウ** スイスの言語学者**ソシュール**は，言語の構造を捉える構造言語学を構築した。ソシュールによれば，人間には，**差異を本質とする言語体系**が意識にのぼらないかたちで存している。この言語体系はラングと呼ばれ，個々の具体的な発話行為に先立ち，発話行為を規定している。つまり，**言語を操る自由な主体は，無意識的にラングという他者の構造に位置付けられている**のである。

**19** 正解は ⑤

初期の**ウィトゲンシュタイン**は，言語批判を通じて，哲学が伝統的に問題にしてきた事柄に対して最終的な解決を与えようとした。まず言語を世界を映し出す鏡（写像理論）と考え，さらに意味のある言語とはその命題の真偽を判断することができなければならないと説明する。自然科学的命題であれば，自然科学が取り扱う事象とその言語の間には対応関係が存在するためその命題の真偽を判定することができる。しかし神や道徳などの問題について語る哲学や宗教の命題は，その命題の真偽を判定することが不可能であり，哲学的問いはそもそも答えを持たないのではないか，ということである。『**論理哲学論考**』でそれを試みたウィトゲンシュタインは，その証明を終えたとして最後の一文を「およそ語りうるものは明断に語りうる。そして**語り得ぬものについては，沈黙せねばならない**」と締めくくり，哲学の伝統に一石を投じたのである。

後期のウィトゲンシュタインは，自らの初期の言語観を批判し，言語は世界の事象を切り取り表現することがその本質ではなく，**人々が多様な日常生活の文脈の中で，一定の言語規則に従いつつ展開される「言語ゲーム」であることがその本質である**とし，自然科学の言語も日常生活の言語と同様に「言語ゲーム」の一つであるとした。

したがって，ウィトゲンシュタインの初期の思想では，「命題が真か偽かを確定し得る」のは，**a**自然科学の言語である。また，後期に彼が省察を深めたのが**b**日常生活で使われる言語であり，彼は，自然科学の言語も日常生活に根差した多様な**c**言語ゲームの一つと捉えた。

**20** 正解は ⑥

初期のウィトゲンシュタインは，『論理哲学論考』の中で，事象と言語の間に対応が存在するものが科学的命題であるとした。また，科学的合理主義を提唱した**ポパー**は科学と非科学を分ける境界設定の基準を追求し，科学的な言明とは，それが観察や実験によって反証される可能性を持つものでなければならないとした。

選択肢の『言葉と物』はフーコーの著書，スペンサーは社会有機体説を説いた哲学者，社会学者。

**21** 正解は ④

アメリカの哲学者**クワイン**は，ウィトゲンシュタインによって開かれた**分析哲学**という新しい哲学の潮流における代表的哲学者の一人である。クワインは「経験主義の二つのドグマ」という論文において，全体論的科学観，**ホーリズム**を提唱し，その後の科学哲学に大きな影響を与えた。クワインによれば，科学的知識は個別に検証可能なものではなく，共有される知の体系全体の整合性の問題として考えられなければならず，確証や反証の対象は知の体系全体となる，とされる。

問題に引用されている文章は，クワインの知のホーリズムの説明となっている。文中の「理論に何か問題が生じても，どこかを少しずつ修正しながら，知識の体系それ自体を維持していくしかない」というところに注目すれば，**A**に関しては「互いに結びついた一つの集まりとして捉えることにより，検証が可能」が選べるだろう。**B**に関しては，「パラダイム」が科学史家クーンの用語であることを知っていれば消去法でも答えられる（問題番号**18**の解説も参照）。

**22** 正解は ⑤

説明文の**ア**と**ウ**が**レヴィ＝ストロース**の思想である。**ア**は，レヴィ＝ストロースが唱えた**文化相対主義**の考え。彼は文化人類学のフィールドワークから，未開人の神話的な思考が，近代西洋の科学的な思考と比べて，その論理操作上，構造的な優劣がないことを証明した。そして，**近代西洋文明が優れ，未開社会は劣っているとする思想を，西洋文明のエスノセントリズム（自文化中心主義）と批判した**。**ウ**は，レヴィ＝ストロースが提唱した**構造主義**の説明。構造主義とは，個人は，主観的な意識にもとづいて様々な行動をしているように見えるが，実は，個人の背景には，主観的意識を超えた象徴的（社会的）なシステムや構造が存在し，それが諸個人の行動や意識を無意識的に規定しているとする立場である。

**イ**はウィトゲンシュタインの後期の思想の「言語ゲーム論」である（問題番号**19**の解説も参照）。

> **Point** レヴィ＝ストロースが提唱した構造主義は，「私」の存在が構造の中にとらわれていることを明らかにし，「私」が何者にでもなりうる自由な存在であるとして，主体性を強調したサルトルと激しく対立することになった。構造主義は西洋の近代的な自己意識について問い直すことを要請し，ポスト構造主義など新しい思想が展開していくきっかけとなった。

**23** 正解は ③

**フーコー**は**『狂気の歴史』**などで，自立した理性的存在という人間像が，実は西洋近代社会（近代資本主義社会）がつくり上げた歴史的産物であることを指摘した。問題文の通り，（近代）理性主義は人間を規格化する権力として作用し，その規格から外れるものは「狂気」の烙印を押され社会から排除・抑圧されていった。

① フランスの社会学者**ボードリヤール**の説。彼によれば，現代消費社会では，人々は商品（モノ）の使用価値（実用的な価値の側面）を主体的に判断（欲望）して購入・消費するのではなく，ある商品が他の商品に対して持つ付加価値的なイメージの差異に魅せられ，そのイメージの差異を購入・消費することになる。

② パレスチナ系アメリカ人**サイード**の「オリエンタリズム」の説明。p.143 の問題番号**11**の解説を参照。

④ **フランクフルト学派**の**ホルクハイマー**と**アドルノ**が**『啓蒙の弁証法』**などで展開した説。近代の啓蒙的理性は，「自然をいかに効率よく支配・操作し，利益を生み出すことができるか」という目的に奉仕する**道具的理性**と化し，自然の一部である人間も目的に向けて支配・操作される対象と

なってしまった。道具的理性によって抑圧されたわれわれの内なる自然が，時に反文明的現象として噴出し，ファシズムのような非論理的･迷妄的･暴力的な「野蛮」の状態に人間を引き戻したのではないかと分析している。

**24** 正解は ④

構造主義を乗り越えようとした思想を**ポスト構造主義**というが，**デリダ**はその代表的哲学者である。言語体系には「男／女」「善／悪」など二項対立図式で価値の序列や差別が内包されている。われわれは言語という価値の体系に無意識的にとらわれているので，差別撤廃など社会構造の変革を実現するためには，ただ差別反対を叫ぶだけでなく，言語の内側から意味をずらし，固定された二項対立図式を崩していかなければならない，として**脱構築**という手法を提唱した。

①② 「愛の跳躍（エラン・ダムール）」によって開かれた社会への進化を説いたのはフランスの哲学者ベルクソン（問題番号**10**の解説も参照）。

③ 「二項対立に基づく，安定した価値の序列を改めて構築すべき」が誤り。

> **Point** ソシュールの言語学に影響を受けたレヴィ＝ストロースにより始まった構造主義では，人間を社会の構造の中に埋め込んでしまい，人間の主体性を否定的に評価することになった。しかし社会の構造も人間が構築してきたものであり，人間が改変していくことも可能なのではないかと，その方法を模索してきたのが「ポスト構造主義」と呼ばれる一連の流れである。脱構築を主張したデリダのほか，社会の無意識的な構造の変化の可能性を示したラカンや，積み重なる歴史の重さから自由に構造をつくる可能性を探究したドゥルーズなどがあげられる。

**25** 正解は ④

近代という時代は，人間の理性により，世界が発展していくという歴史観が西洋を中心に形づくられた時代である。しかし，その弊害として，人間の活動による環境破壊や二度にわたる戦争など，人類の歴史が危機に直面した時代でもあった。現代の思想家たちはそういった近代の西洋中心・理性中心・人間中心の考えに大きな反省をするとともに近代の枠組みからの転換を思索することとなった。

**ヨナス**は『責任という原理』の中で，科学技術の急速な発展が将来世代の生存や人間の種の存続を危険に晒していると指摘し，**将来世代に対しても私たちは責任を果たすべきという世代間倫理を唱えた。**

① **リオタール**は，こうした西洋を中心に形づくられた世界観や歴史観で全体を解釈する枠組みを「大きな物語」と呼び，それを前提にした時代が終焉を迎え，ポストモダンという時代に入ると指摘した。ポストモダンでは，細分化され専門化された多様な個々の具体的枠組みである「**小さな物語**」を前提にして物事への思索を行うべきであると説いた。

② **フーコー**は，認識や思考の基となる「知の枠組み」をエピステーメーと呼び，各時代によってその枠組みが異なることを「知の考古学」という営みを通して発見した。近代西洋の人間を理性的と捉えるあり方も，その「知の枠組み」が前提であり，普遍的なものではないとして近代西洋の人間中心主義を批判した。

③ **レヴィ＝ストロース**は，未開社会の人々と生活する中で，未開社会には，抽象的なことがらを身の回りにある具体的なものにより思考する「**野生の思考**」があることを発見し，それは，**近代西欧における科学的な思考である「栽培の思考」と原理的におなじものであると捉えた**（問題番号**22**の解説も参照）。

**26** 正解は ③

**ホルクハイマー**と**アドルノ**は，『啓蒙の弁証法』の中で，近代の啓蒙的理性は，人間を自然の支配者の地位に押し上げてきたが，それと同時に人間をも支配する抑圧の道具として機能することを指摘した。

① 構造主義は，人類学の**レヴィ＝ストロース**によって提唱された思想。**デリダ**は，西洋哲学が基礎とするロゴス中心主義や二元論的思考を内面から解体し流動化させる「脱構築」を提唱，構造主義的思考もその批判対象にした。

② **フロイト**によれば，「本能や衝動が抑圧される」のは超自我（スーパーエゴ）の働きによってであり，「エス」ではないので誤り（問題番号**15**の解説も参照）。

④ **アーレント**は，人間の活動を，生命を維持するため必要な「**労働**」，自然とは異なる人工の世界をつくる「**仕事**」，人と人との間でおもに言葉を通して相互を表出する「**活動**」に分け，**「活動」により「公共性」が形成される**とした。近代社会では，公共的な「活動」が失われ，生きるための「労働」が社会全体を支配するようになった。その典型が全体主義国家である。彼女は，「活動」を通じた公共性の復活の重要性を説いた。

# 第11章 現代の暴力に抗して

**1** 正解は③

**片山潜**は，社会主義運動にかかわった人物であるが**キリスト教徒**であり渡米して苦学の末に1896年帰国。帰国後伝道と労働運動に献身し，労働組合期成会，社会民主党結成に尽力した。

① **シュヴァイツァー**は，神学者として伝道活動に従事していた30歳の時に，アフリカにおける黒人の悲惨な生活を知り，医学を学び直して医師となり，アフリカの密林で医療活動に従事する決意をした。シュヴァイツァーは，生きること，生命そのものに価値があるとする**生命への畏敬**をとなえて，新しい倫理の確立を訴えた。主著『水と原生林のあいだに』

② **国境なき医師団**は，1971年フランスで結成されたNGO（非政府組織）で国際的な医療ボランティア活動をしている。戦争や自然災害による被災者・難民への医療活動を展開している。

④ **国連難民高等弁務官事務所**（**UNHCR**）は，難民支援活動を目的に設立された国連の機関。1990年代に高等弁務官であった緒方貞子氏の活躍は有名である。

⑤ **マザー＝テレサ**は，インドのベンガルを中心にキリスト教修道女として貧しい人や病人に神の愛を説きながら奉仕活動を続けた。「死を待つ人の家」や「孤児の家」を創設したりハンセン病患者の救済活動をおこなった。

**2** 正解は③

**マハトマ＝ガンディー**のマハトマとは「偉大(いだい)な魂」という意味で，インドを独立に導いたガンディーへの敬意を込めた呼び名である。この選択肢がガンディーの**非暴力・不服従運動**の考え方を示している。非暴力は暴力の否定であることはいうまでもないが，相手に屈服することではない。**平和と生命への愛という真理の力によって闘うこと**であり，自己犠牲を示し，暴力の非真理を悟らせることである。ガンディーが抵抗運動の核としたのは**真理の堅持(けんじ)**（**サティヤーグラハ**）である。

① 「黙って彼らに服従する」が適当ではない。

② 文中の**アヒンサー**は「不殺生」の意味であり，核抑止力といったものとはそもそも結びつかない。

④ 非暴力には自己犠牲(ぎせい)がともない，それを行使し続けるためには勇気が必要である。

**3** 正解は⑤

人種差別の撤廃(てっぱい)を求めたアメリカのキリスト教会牧師**キング**氏の言葉である。文中の「**わたしには夢がある**」の言葉から1963年の**ワシントン大行進**の際にキング牧師によっておこなわれた演説の一節であることがわかる。「肌の色によってではなく，人格そのものによって」という彼の言葉から，彼の目指したものがただ単に白人に対する人種的な闘争ではなく，人種差別そのものに対する戦いであることが理解できる。彼はガンディーの思想の影響を受け，非暴力運動によって**公民権運動**を主導した。

① **ガンディー**はイギリスの不当な植民地支配に抗議し，インドの自治・独立を勝ち取る民族解放運動を指導した人物（問題番号**2**の解説も参照）。

② 孫文(そんぶん)は，中国の民族解放運動の指導者で，西欧列強の植民地主義と清朝の前近代的社会体制に対して，三民主義(さんみんしゅぎ)を唱え，辛亥(しんがい)革命を指導した。

③ **シュヴァイツァー**はアフリカで医療活動に従事した人物で，現代文明が生み出した非人間的な状態を克服するために「**生命への畏敬**」を説いた（問題番号**1**の解説も参照）。

④ **マザー＝テレサ**はインドのコルカタで貧しい人，恵まれない人，病気の人々への献身的活動に生涯取り組んだ修道女である（問題番号**1**の解説も参照）。

⑥ **毛沢東(もうたくとう)**は，中国共産党の革命指導者で，半植民地・半封建的な中国で，農民を中心に労働者・知識人・民族資本家・軍人などが統一戦線を組み，まず民族独立と民主主義を実現するという反帝国主義・反封建主義の**新民主主義革命**を行い，続いて社会主義へと進む，二段階革命を唱えた。

> **Point** 現代のヒューマニズムにおいて，ロシアの文豪トルストイの影響は外せない。小説家ロマン・ロランや日本の白樺派など文学への影響だけでなく，ガンディーやキング牧師の非暴力主義においてもトルストイの影響力は大きいので，押さえておこう。ロマン・ロランは世界大戦時に絶対平和主義を掲げ，戦闘的ヒューマニズムを主張し反戦運動で活躍した。

**4** 正解は①

**フランクフルト学派**の**ホルクハイマー**と**アドルノ**は，主観的な利害関心にもとづく目的実現を技術的・合理的に追求しようとする近代理性を**道具的理性として批判**した。彼らは『**啓蒙の弁証法**』において，「道具的理性」は自然や人間を操作対象として把握(はあく)し支配しようとする理性で，人間をも抑圧するようになってしまった結果，抑圧された内なる自然が暴走し，戦争という野蛮へと回帰してしまったのではないかと分析した。

② デカルトの「ボン・サンス＝良識」の説明。

③ プラトンの「魂の三部説（三分説）」の説明。

④　フランクフルト学派の第２世代であるハーバーマスの「対話的理性」の説明。

**5**　正解は ②

**アドルノ**は，フロムが『自由からの逃走』で指摘した「権威主義的パーソナリティ」をより一般的な「反民主主義的な性格傾向」として実証的な研究（共同研究）にまとめた。「**権威主義的パーソナリティ**」は，無批判に権威を受け入れるステレオタイプ的な思考や，弱者や社会的に下位とみなした者に対し差別し強圧的にふるまう傾向や，人を自己の手段としてみなす傾向にその特徴があると分析したので，②が正解。

①　合理性・効率性ばかりを追求する社会のあり方を批判し，「対話的理性」の重要性を説いたのは**ハーバーマス**（問題番号**8**，**9**の解説も参照）。

③　現代の管理社会の中で，批判精神を失い人間性を疎外（そがい）された**一次元的人間**が生み出されていると指摘したのは**マルクーゼ**。

④　大衆消費社会の社会的性格の典型としての「**他人指向型**」性格を指摘したのはアメリカの社会心理学者**リースマン**。

**6**　Aの正解は ⑥，Bの正解は ②，Cの正解は ⑤

①　主体性を失い，画一化，水平化した現代人を批判し，主体的真理を探究したのは実存主義者キルケゴール。

②　『**自由からの逃走**』で，自由の重荷に耐えかねみずから権力に従属し，ファシズム（ナチズム）に走った大衆心理を分析したのは**フロム**。

③　西洋の近代社会は，理性を絶対視し，非理性的なものを狂気として排除してきたと，『**狂気の歴史**』などで指摘したのは**フーコー**。

④　『大衆の反逆』で，現代の大衆社会を平均的で無気力無責任な俗物的な大衆が実権を握る危機的な社会として批判したのはスペインの哲学者オルテガ。

⑤　**リースマン**は，大衆消費社会に特徴的な社会的性格を「**他人指向型**」性格とした。これは，自分の価値や行動の基準を自己の内面ではなく，他人やマス・メディアなどに求める他者同調型の性格である。

⑥　**ウェーバー**は，近代社会が官僚制支配となること，その弊害をいち早く指摘した（問題番号**9**の解説も参照）。

> **Point**　フランクフルト学派の社会学者，哲学者はユダヤ人が多く，ナチス政権下のドイツから亡命を余儀なくされた。ホルクハイマー，アドルノ，フロム，マルクーゼらの思想が，第二次世界大戦やファシズムの分析・批判となっていることを押さえておこう。

**7**　正解は ①

①　**レヴィナス**は，私（自己）を中心にすべてを把握しようとする西洋思想を「全体性」の思想であると批判し，**自己に同化しない絶対的な他性を持つ他者の重みを知ることが倫理の出発点であるとした**。さらに，自己の全体性への同化を拒む他性が**他者のまなざし＝「顔」**に現れ，それが自己に応答を求め続け自己を他者との関係に導いていくとした。

②　マルクスの労働疎外の理論。

③　サルトルのアンガージュマンの理論。

④　ヘーゲルの理論。ヘーゲルによれば，個人は様々な方法で他者と結びつきながら，他者との相互的な承認関係の中で生きる存在である。ヘーゲルの精神哲学によれば，自己はまさに「他者に対しての他者」として存在し「自我としての他者の中に私自身を直観する」のである。

**8**　正解は ②

**ハーバーマス**の「**対話的理性**」の説明。ハーバーマスはフランクフルト学派の道具的理性批判を継承し，自然を支配し合理性を追求する道具的理性に対して，**対等な立場での自由な討議によって合意を形成していく，そのための対話的理性（コミュニケーション的合理性）を重視すべきことを主張した**。

①　アメリカの政治哲学者ロールズの考え（問題番号**10**の解説も参照）。

③　ロックの自由権・財産権の保障を目指した社会契約説についての記述。

④　ルソーの「一般意志」にもとづく社会契約説。

**9**　正解は ①

**ウェーバー**は，**近代化のプロセスの中で官僚制が果たす役割や機能を重視したが，同時に近代官僚制がもたらす非人間的な部分にも注目した。官僚制が人々の個性や創造性を抑圧していく危険性を「鉄の檻」という言葉で表現し，官僚制的分業体制の中で人間性を喪失する人間を「精神なき専門家・心情なき享楽人」と述べた**。

②　フランクフルト学派のアドルノ及びホルクハイマーが『啓蒙の弁証法』で展開した理論（問題番号**4**の解説も参照）。

③ **ハーバーマス**の理論。近代社会では，「**コミュニケーション的合理性**」にもとづく，合意による共同体的な「**生活世界**」が形成される。その一方で「システム的合理性」によって目指される，目的的で効率的な組織も形成され拡大していく。その過程で，「システム的合理性」が，本来共同体的な「生活世界」にも浸透し，その良質な在り方を侵害してきた。**ハーバーマスはそれを「生活世界の植民地化」とよんだ。**

④ マルクスの労働疎外の理論。

**10** 正解は ①

**アーレント**は，近代社会では，公共的な「活動」が失われ，生きるための「労働」が社会全体を支配するようになってしまっており，コミュニケーションを通した公共性の復活の重要性を説いている。

② アーレントではなく，**ロールズ**の**『正義論』**の内容。

③ 「競争によって格差が生じたとしても，是正する必要はない」が誤り。**ロールズ**は幸福の配分の公正さが確保されない功利主義を批判し，**「公正としての正義」**の側面から**社会契約論を現代社会に沿って再構成**した。彼は正義の第一原理として，**「他者の自由と両立しうる最大限広範囲な自由を目指すこと」**，第二原理として，**不平等が，「最も恵まれない立場の人々の利益を最大限に保障するものであること（格差原理）**及び公正な機会均等のもとですべての人に開かれている地位や職務にともなうものであること（**公正な機会均等原理**）」を挙げている。

④ ロールズではなくフロムの『自由からの逃走』の内容。

**11** ロールズは ③，センは ①

① インドの経済学者**セン**は，**開発と貧困**の問題を中心とした厚生経済学を専門とし，アジア人で初めてノーベル経済学賞を受賞している。

センは，ロールズの平等観を批判的に受け継ぎ，よい生活（福祉）の概念に「機能」と「**潜在能力**」という視点を導入した。機能とは，健康である，社会に参加できるなど財の利用によって達成できる状態や活動を示し，潜在能力とは，潜在的に達成可能な機能の豊かさ，選択の自由度を示している。**“真の開発とは潜在能力の開発である”としたセンは，識字能力や自由な言語能力の育成が重要だとしている。**センは，生き方が異なる人々に同じ財を配分するのではなく，自らが求め評価する機能を実現するために，その潜在能力を指標としながら配分することで人間的発展をはかることを提唱したが，このセンの考え方は，人間開発指数（HDI）として指標化され，国連開発計画（UNDP）が各国の達成度を発表している。

② **アダム＝スミス**に関する記述。

③ **ロールズ**の『正義論』の内容（問題番号**10**の解説も参照）。

④ ホッブズについての記述。

⑤ 国家が「最小限の役割のみ担う」べきとしたのはアダム＝スミスや，現代だとリバタリアニズム（自由至上主義）のノージックなど。

⑥ 自然法の立場から国際法を論じていることから連想される思想家は，「国際法の父」と呼ばれるオランダのグロティウス。

**12** 正解は ⑥

**ア**はロールズの説明。ロールズは，各人に自分の能力や境遇がわからなくなる**無知のヴェール**をかぶってもらい，話し合いに参加してもらうことで「自然状態」を想定し，そこにおいて各人が承認し得る社会契約を議論するという思考実験を『正義論』において試みた（問題番号**10**の解説も参照）。

**イ**は正しい。アーレントのいう「労働」は，生物としての人間が生きていくために不可欠な営みのこと，「仕事」とはモノと関わり世界の中に道具や作品を作り上げることである。

**ウ**はリバタリアニズムに代表的な主張で，思想家としてはノージックが有名である。サンデルはコミュニタリアニズムを代表する政治哲学者（問題番号**13**の解説も参照）。

> **Point** ユダヤ人であったハンナ＝アーレントは，第二次大戦下，ドイツからアメリカへの亡命を余儀なくされたこともあり，戦後『全体主義の起源』を著した。そこで，帰属意識を失って孤立した大衆が，所属感を求めて民族主義的イデオロギーに吸収されてしまったことがファシズム，全体主義の原因ではないかと指摘している。他に『人間の条件』も押さえておこう。

**13** 正解は ⑥

**a**について，「コミュニタリアニズム」は「**a**が前提とする人間像や社会観を批判し，そのうえに成り立つ道徳観や正義感に異義を唱える」としている。また，「**a**では社会とは自由で独立した個人の集合体であり，個人はあたかも自分にとって望ましい生き方を好きなように取捨選択することができる存在」としている。後段の「自由で独立した」と「好きなように取捨選択する」等の表現から「自由主義」に絞り込むことができる。

**b**について，**a**にかかわる説明を引き継いで「個人はあたかも自分にとって望ましい生き方を好きなように取捨選択することができる存在」という表現に注目すると，選択肢の「負荷なき自我」となる。なお，「超自我」について，フロイトの思想の中でしつけなどが内在化した良心のありかを示す用語として理解されていれば，誤解せずに選択できる。

cについて，共同体の「成員の間で広く共有され，その共同体それ自体を成り立たせる」ものとされている。またそれに「照らすことにより，はじめて自らのアイデンティティを形成し得る」と表記されていることから，共有され，アイデンティティを形成するものとして「共通善」を選択したい。「最高善」がカントの用語であることを知っていれば消去法でも選択できる。

**Point** ロールズの『正義論』が刊行されて以降，アメリカで政治哲学が発展した。ロールズは基本的な自由を確保したうえで，経済格差に関しては是正すべきとの立場でリベラリズムと呼ばれる。それに対し，自由を絶対視し，格差是正のための国家による課税すらも否定する立場はリバタリアニズム（自由至上主義）と呼ばれ，ノージックなどが代表的思想家である。

いずれの立場も自由主義を前提としているわけだが，これに対しコミュニタリアニズム（共同体主義）と呼ばれる新しい主張が出てきた。テイラーやサンデルを代表とするこの立場は，自由主義が前提とする自由な個人を「負荷なき自我」として批判し，普遍的とされるルールを強制するのではなく，所属する共同体に共通する善（共通善）を実現していくことを説いている。この三者の立場と人物を区別できるようにしておこう。

**14** 正解は ④

④は，**ボランティア**の定義についての説明となっている。「自発性（自主性），社会性（福祉性），無償性（無給性）」の３つの性格を確認しておきたい。

① 高齢化と少子化が進行している現代社会にあって増加する高齢者への介護，少子化を食い止めるための子育て支援を公的に充実することは急務であり，その必要性は徐々に減少ではなく逆に増加している。

② 一般に「**ボランティア元年**」は，東日本大震災が発生した2011年ではなく，阪神・淡路大震災が起こった1995年をさす。

③ インドにおいて孤児や病人に対する救済活動に生涯を捧げたのはレイチェル＝カーソンではなく，マザー＝テレサ。カーソンは『沈黙の春』で化学物質による生態系の破壊を警告した生物学者。

## 第12章 古代日本人の思想

**1** 正解は ④

**和辻哲郎**は，風土と人間存在のあり方の関連を追究し，世界の風土をモンスーン・砂（沙）漠・牧場の三類型に分類した。

① 陸地の分類をもとにした誤答。

② 気候区分をもとにした誤答。

③ 世界の地域区分をもとにした誤答。

**Point** ここでいう「風土」は単に自然環境を指すのではなく，人々がその地の気候や地形のもとで一体となり文化・習俗を育み，その中で生活するわれわれの自己了解と深く関連する，現象としての「風土」である。日本はモンスーン型に分類されており，湿潤で横溢する自然に対する受容的・忍従的態度が培われるとされる。

砂漠型においては，厳しい乾燥のもとで，自然や他部族に対する対抗的・戦闘的態度が形成され，牧場型では，湿潤と乾燥が調和した従順な自然のうちに，合理的精神が育まれるとされる。

**2** 正解は ④

日本神話には唯一絶対の究極神は存在せず，人間に畏怖の念を抱かせるものや，人知を超えた不可思議な現象が神のあらわれとされた。何事につけ，畏く，凄まじい威力を発揮するものはみな「神」としての特性を持っていると考えられたのである。

① 古代からの日本の神々への信仰と外来思想である仏教が融合していく**神仏習合**は，さまざまな形で展開されるが，奈良時代に神を祭る神社の敷地内に寺（神宮寺）が建立されるなどしたのがその現れとされる。

復古神道は，儒仏伝来以前の純粋な古代日本の精神（古道）への復古を主張した神道。江戸時代の国学者たちによって唱えられ，平田篤胤が大成し，幕末の尊皇攘夷運動に大きな影響を与えた。

② 『古事記』において，天つ神たちの住む高天原をおさめる最も尊貴な神アマテラスは，太陽神の性格と巫女の性格を併せ持つ存在であり，皇祖神として祀られる神でありながら，みずから何らかの神を祀る神として描かれている。

③ 神の力は恵みを与え，人々の生活を支えるものであったが，飢饉や疫病などの災いをもたらすこともあった。このような災厄をもたらす「荒ぶる神」「祟り神」も，その怒りを鎮め，加護を祈るために祀られた。

**3** 正解は ④

**アニミズム**とは，様々な自然物に精霊が宿っているとする精霊信仰のことである。

① 万物が原理と素材から成り立っているとする考え方は，アリストテレスの形相と質料，朱子学の理気二元論にみられるものである。

② 空を認める考え方は，大乗仏教を理論的に完成させたといわれるナーガールジュナ（竜樹）のものである。

③ 超越神は，一神教の神の特徴である。

> **Point** アニミズムは，「霊的存在への信仰」という宗教の原初的形態を表わした用語で，日本だけでなく，あらゆる民族の原始宗教・民間信仰においてみられるものである。素朴な自然信仰・精霊信仰から，教義の確立を経て，民族宗教へと発展していくと考えられる。

**4 正解は ④**

「戒律による罰は，神からの罰」とするのは，一神教的な考え方であり，誤りである。

① 「欺き偽らない心の有様」とは，「**清明心**」のことであり，日本人の道徳観の基層をなす概念である。

② 古代の日本では罪や穢れは，「禊」や「祓え」によって清められ取り除かれるものだと信じられており，そこには現実生活に幸福をもたらす現世中心主義的性格が認められる。

③ **祭政一致の古代の日本社会**では，祭祀を通して農耕神や神霊と交歓し豊穣を祈ることが，統治者であるオオキミ（のちの天皇）の重要な役割とされていた。

**5 正解は ②**

「厭離穢土，欣求浄土」とは，穢れたこの世を厭い，極楽浄土への往生を望むことであり，源信の『往生要集』で説かれている浄土思想の言葉である。

① 明治天皇の「御即位ノ宣命」にある文章。正直は，古代の「清明心」以来の偽りのない純粋な心情を尊ぶ倫理観の一つで，中世以降の武士階級に支持された，心がまっすぐで偽りのない様を指し，後世の「誠」に連なる概念である。

③④ は吉田松陰の『講孟余話』にある文章。もともとは孟子の言葉である。

**6 正解は ②**

古代日本において，罪とは，集団秩序にそむくことや厄災の原因となるものを意味し，身に付着した穢れと同一視されていた。そのため，罪は，罰によって相殺されるとともに，禊や祓いによって取り除かれるものでもあった。

① 慈悲は仏教の慈しみと哀れみの心のこと。

③ ゾロアスター教では，善神アフラ・マズダ（光明神）と悪神アーリマン（暗黒神，アンラ・マンユ）の対立により一切が説明され，最終的には善の勝利が確定されている。

④ キリスト教の原罪に関する記述。人間の始祖とは，アダムとイブのことを指し，彼らが神との約束を破り禁断の木の実を食べたことにより，彼らの子孫である人間は罪を犯さざるを得ない性質を持ち，死や滅亡を免れ得なくなったとされる。

**7 正解は ②**

**祓い**とは，罪や穢れを取り払う神事や呪術のこと。水の浄化力を使う**禊**はその一種といえる。

① **祭り**（**祭祀**）の説明である。ここでいう儀礼とは，神に供物を捧げ，祝詞をあげ，神楽を踊るなどして神を奉り，神からの恵みを求めたり，神への感謝の意を捧げることを指す。

③ 「気質の性」を変化・矯正させて，本来あるべき「本然の性」に復帰させるための修養法である「居敬・窮理」を説いた朱子は，その具体的方法として，居敬としては静坐（人心に内在する天理を体得するために座って心身を鎮めること）と，窮理としては読書を重視した。

④ 大日如来との一体化を目指す密教の修行の一つ。山林修行で，密教的な儀礼をおこなう宗教形態に修験道がある。

**8 正解は ①**

**柳田国男**の『先祖の話』によれば，日本人の伝統的村落共同体の中では，死者の霊魂は村落の周辺の山などにとどまり，子孫の供養でもって祖霊となり子孫を見守ると信じられている。また，正月やお盆には，子孫は先祖の霊を自分の家に招き共食の儀礼をおこなうなどして供養する。

② 先祖の霊は「この世から遠く離れた浄土に往生」が間違い。

③ 「先祖の霊は，国家の神として（以下）…」が間違い。

④ 日本人の神の原型が，共同体の外部から訪れる「まれびと（客人）」であるとする折口信夫の説。

**9 正解は ④**

**和辻哲郎**は，『日本倫理思想史』において，日本神話ではどこまで神をさかのぼって行っても，究極・絶対の一神にはたどり着かず，我が国における最も大いなる「祀られる神」であったアマテラスも，祀るとともに祀られる神であり，超越神ではない，としている。

① 忠孝一本とは，君主への忠と親への孝は，対象

が異なるだけで本来同じ真心から出たものであるとする水戸学派の考え方。

② 柳田国男の『祖先の話』で論じられた日本人の死生観についての記述。

③ **折口信夫**の「**まれびと**」についての記述。折口によれば,「まれびと」は海のかなたの他界（常世）から来訪する神であった。また，折口は神を迎える儀礼が祭りであり，人が神に仮装し，その様子を表現しようとしたところから芸能が始まったと主張した。

**Point** 主に『古事記』で語られる神々のうち，出題されている神についてまとめておこう。

・イザナギとイザナミ：より上位の「天つ神」の命令により国生みをした夫婦神。その後イザナミは火の神を産む際に命を落とし黄泉の国（死者の世界）へ。イザナミを慕って黄泉の国を訪れたイザナギは，イザナミと袂を分かち，逃げ帰り，川で禊をする。その禊の際に生まれたのがアマテラス，ツクヨミ，スサノヲの三神である。

・アマテラス：神々の住む高天原の主宰神。スサノヲが高天原を訪れた際に誓（うけい）を行い，スサノヲの清明心が明らかとなり訪問を許すことになるが，その後スサノヲが狼藉を働き，アマテラスは天岩戸に姿を隠すことになる。

・スサノヲ：父イザナギには海原を統治せよと命ぜられるが従わず追放された。姉のアマテラスに別れの挨拶をしようと高天原を訪れるが，アマテラスに高天原を奪いに来たのではないかと疑われ，誓によりその身の潔白を証明することになる。しかしスサノヲは高天原で稲田の畔を破壊し神殿を汚すなどの狼藉を働き，またも追放されることに。高天原を追放されるにあたって祓え（はらえ）が必要とされ，罪に応じた多くの物品を献じた。追放後はヤマタノオロチを退治するなど活躍した様子が描かれている。

## 第13章 日本の仏教思想

**1** 正解は ③

**十七条憲法**には「十に曰(い)はく。忿(いかり)を絶ち瞋(いかり)を棄(す)て，人の違ふことを怒らざれ。人皆心有り。心各執ること有り。彼是(ぜ)なれば吾は非なり，我是なれば則(すなわ)ち彼非なり。我必ずしも聖に非ず。彼必ずしも愚に非ず。共に是凡夫(ぼんぷ)のみ」と記されている。**「凡夫」とは「欲望にとらわれた存在」のこと。**

① 中江藤樹の言葉。「良知良能」とは，生まれながらに備わっている知恵や能力。陽明学では，人間は生まれながらに善悪を判断する力が備わっていると考える。中江藤樹は日本陽明学の祖と言われる。

② 孔子の徳治主義をあらわす言葉。法と刑罰にもとづく外的強制力によって統治する法家の法治主義を否定している。

④ 荀子の性悪説と礼治主義をあらわす言葉。

**2** 正解は ①

選択肢の「親和的関係を結んだうえで」が十七条憲法の「和を以って貴しとし」,「話し合いを続ける」が「論う」に，それぞれ相当する。

② 「話し合いができる達観者になることを勧めている」という表現は，十七条憲法の「達れる者少なし」と矛盾する。

③ 「他者との対立を回避するため」に「自然に道理が通じるような状況」を作るのではなく，話し合うことを重んじている。

④ 「相手の意見を尊重し集団の意向に同調」するというよりも，和(なご)やかに調和しながらも，活発に話し合い物事を進めるということが示されている。単なる従順ではない。

**Point** 聖徳太子は日本に仏教文化を定着させるきっかけとなった人物である。遺言として「世間虚仮，唯仏是真（世間はむなしく，ただ仏だけが真実である)」という言葉が残っている。ただ十七条憲法には儒教の影響もみられるので，注意しておこう。

**3** 正解は ④

**最澄**の教えの中心にあるのは**すべての人が仏になることができるという一乗思想（法華一乗）**である。

① 「悟りに至るための修行」を否定し，「寺院での日常的な生活行為」を重んじるのは，**道元**の考え方。修行と悟りが一体（修証一等(しゅしょういっとう)）であり，日常生活そのものが禅の実践となる。

② その人が受けた教えや素質によって，仏になれるかどうかに差別がある，というのは奈良仏教

（南都六宗）に見られる説。法相宗の徳一は三乗思想を説いた。これは，人間を声聞乗，縁覚乗，菩薩乗（大乗）などに分け，菩薩乗（大乗）以外の人は成仏できないとする説であり，最澄の説く一乗思想と対立するものであった。

③ **日蓮**の考え方。法華経に帰依するという意味の言葉は，「南無妙法蓮華経」。

**4 正解は ②**

最澄は奈良仏教の救済観を差別的であると批判し，「生あるものは等しく成仏し得る」，つまり一切衆生悉有仏性を説いた（問題番号3の解説も参照）。

① **最澄は比叡山に延暦寺を建て，そこでの学問と修行を重んじたが，奈良仏教の大きな特徴である，鎮護国家の仏教という考え方を引き継いでいる。**

③ 最澄は，**鑑真**が日本に伝えた上座部仏教の具足戒ではなく，比叡山に新たな戒壇を設け，大乗菩薩戒を受けた者を官僧とする新しい授戒制度を主張した。

④ 最澄は，入唐して天台の奥義・密教・禅を学び，それを総合した日本天台宗を開いた。主著は『顕戒論』『山家学生式』。**『三教指帰』**は，儒教・道教・仏教を比較して仏教が最も優れていることを説いた**空海**の著作。

> **Point** 仏教は，奈良時代には国家仏教として国家の保護を受けるにいたるが，それは仏教が国を守る力を持っていると考えられたからである。これを鎮護国家思想という。また国家保護のもと仏典の研究も始まり，その主な学派を南都六宗という。中国（唐）から鑑真を招聘したのも，正式な授戒制度を確立するためである。奈良時代の仏教の特徴を押さえておこう。

**5 正解は ③**

**最澄**は，大乗仏教の「一切衆生悉有仏性」（生きとし生けるものが仏性を持ち，成仏する可能性を持っている）という教えを強調した。**空海は口に真言を唱え，手に印契を結び，心に仏を観じる三密の行によって，生きた身のまま仏になることができるという即身成仏について説いた。**

① 最澄は，全ての生き物は「生まれながらに仏である」とは言っていない。誰もが仏性を持っているが，それを自覚し，修行すれば真理を悟り成仏できると説いた。空海は，三密の行による大日如来との一体化を説いたので，「大日如来の境地に至る」のは誤り。

② 最澄は人間が仏になる資質の差はないという一乗思想を説いた。資質に差があるというのは，奈良仏教の考え方。

④ 最澄が主張したのは一乗思想。空海は，生きた身のまま仏になる，と言ったので，「死に至るならば，必ず成仏できる」というのが誤り。

> **Point** 空海が伝えた真言宗は密教だが，仏典（お経）を研究する南都六宗は顕教といわれた。言葉によらず師から弟子へ秘密に伝授されてきた教え（密教）に対して，仏典は言葉で示された顕れた教え（顕教）だからである。

**6 正解は ③**

**神仏習合思想**は，平安末期には**仏が真理の根源で，神が民衆の前に現れるという本地垂迹説として展開**した。なお，鎌倉時代には神国思想から，神が本体で仏は仮の姿という反本地垂迹説が起こった。

**7 正解は ①**

仏教が伝来した当初，仏は，**「蕃神」**（異国から到来した神）と認識され崇拝された。平安時代には，**神は仏の仮の姿**として人々の前に現れたという**本地垂迹説**が生まれた。

② アマテラスは唯一絶対神とされていたのではない。当時の人々は八百万の神（多くの神々）を信じていた。

③ **仏が神の仮の姿であるという反本地垂迹説は，平安時代ではなく，鎌倉時代末期に生まれた。**

④ 平安時代には，「仏と神は異なる国に誕生した対立する存在」ととらえる思想ではなく，神と仏を融合させる**神仏習合**の考え方が広まった。

**8 正解は ②**

奈良時代に，神は迷い苦しむ衆生の代表であり，宿業により神の身を得て苦しんでいるため，仏の力によってそこからの解脱を願っている，という神身離脱思想が生まれた。この思想のもとに，神前読経など仏教の儀式を行うために各地の神社に併設されたのが神宮寺である。

① 蕃神は外国からやってきた神，つまり仏のこと。

③ **権現とは「仏が仮に神として現れる」こと**であるが，これは，反本地垂迹説ではなく，本地垂迹説の立場から唱えられたもの。

④ **神仏分離令とは明治政府が神道の国教化を目指し，在来の神仏習合の習慣を禁止するために出したもの。**「仏教の優位」ではなく，神道の優位を明確にした。これをきっかけとして各地で廃仏毀釈の運動が起き，寺社や仏堂，仏像が破壊された。

**Point** 神仏習合の例としては，古来からの山岳信仰に道教的要素が加わり，さらに密教が融合して成立した修験道がある。山で修行することで，山の神秘的な力（験力）を身につけようとするもので，その修行者は山伏という。

**9** 正解は ④

源信は，「極楽浄土や地獄について述べた」書物，『往生要集』を著し，浄土に往生する教えの要点を説いた。彼は，極楽浄土に往生する方法として，称名念仏（口称念仏）についても認めたが，心に阿弥陀仏を思い描く**観想念仏**を重んじた。

① **空也**についての記述。諸国をまわり，社会事業に尽力し，民衆に浄土信仰を広めた。**市聖，阿弥陀聖**と呼ばれた。

② 慶滋保胤（よししげのやすたね）についての記述。『日本往生極楽記』は，極楽に往生したと考えられた人物の往生伝をまとめたもの。『今昔物語集』に再録された。

③ **一遍**についての記述。念仏札を配り，全国を遊行（ゆぎょう）し，捨聖，遊行上人と呼ばれた。踊り念仏で知られ，時宗の開祖とされた。

**Point** 平安時代中期くらいから，末法思想を背景に浄土教が広まるが，そのきっかけをつくったのが空也である。空也は諸国を遍歴し，道路や井戸の整備，無縁の死骸の火葬をするなどし，民衆の間に「南無阿弥陀仏」を唱える称名（口称）念仏を広めることに貢献した。

民衆のために活躍した僧としては行基も有名だが，行基は奈良時代の僧で，念仏とは関係がないので要注意。

**10** 正解は ①

文中の「一文不通」とは，文字をまったく知らないことを指す。よって，「文字も読めないような民衆」が救いにふさわしいと述べている ① が正しい。

② 「社会を念仏の功徳により改革」が誤り。

③ 「一切の学問や修行を捨てて民衆と同化すべき」が誤り。法然は他の一切の修行方法を捨てて念仏に専念する「専修念仏（せんじゅねんぶつ）」を主張したが，民衆との同化を説いたわけではない。

④ 「日々の生活の中で悪行を犯さざるをえない民衆」，「自らも悪行を実践」とは言っていない。

**11** 正解は ④

「念仏や信心すら，阿弥陀仏の働きに由来する」というのが親鸞の「絶対他力」の思想。

① 「日常生活のすべてを捨てなければ」が誤り。親鸞は法然の念仏停止に連座（れんざ）し，越後に流罪となった。その際に僧籍を剥奪（はくだつ）されたが，「僧にあらず，俗にあらず」として在家仏教の道を確信した。彼は恵信尼（えしんに）と結婚し，正式な僧侶には禁止されていた「肉食妻帯」を初めておこなったとされる。

② 法然の易行の説明。自力難行を捨てて，ひたすら称名念仏に専念せよ（専修念仏）というのが法然の立場。

③ 「臨終の際に煩悩が生じないように」としているのが誤り。一遍の時宗では，日常を臨終のときと心得て念仏せよ，と説かれている。

**12** 正解は ③

「善人」は，修行をし，善行を積むことによって悟りを開こうとする人。「悪人」は，煩悩具足の凡夫（欲望にとらわれた存在）という自覚を持つ人。**親鸞の「悪人正機」の教えは，自力作善の人，「善人」よりも，凡夫の自覚を持ち，自分の非力さ，罪深さに苦しむ「悪人」こそ，ひたすら阿弥陀仏にすがる気持ちが強く，救いの対象としてふさわしい，という考え方。**

① 「善人」が，「阿弥陀仏とは無関係に自力の善のみによって往生が可能」としているのが誤り。また，「悪人」は，ひたすら阿弥陀仏にすがるしかないのであって，「善に努めようとする」人ではない。

② ① と同様，「善人」を，阿弥陀仏と無関係に自力の善で往生する，としているのが誤り。

④ 「悪人」を「できるだけ善に努めようとする人」としているのが誤り。

**13** 正解は ③

法然も親鸞も，信心は「阿弥陀仏からいただいたもの」ととらえている。親鸞が「法然上人と私の信心は全く異なったところがない」といった時に，彼は法然門下の高弟たちに非難され，信心について激しい論争になったことがあった。その時に法然は「信心は阿弥陀仏から賜（たまわ）るものであるから異なることはない」というような答えを示している。『歎異抄』や親鸞の生涯を著した『御伝鈔（ごでんしょう）』に記述がある。

① 信心は「悪行を犯してまでも得たもの」ではない。救いの本来の対象とされる悪人は悪行を犯す存在ではなく，煩悩にとらわれた煩悩具足の凡夫のこと。

② 信心は，阿弥陀仏の姿を思い描くという観想念仏によって得られるものではない。法然や親鸞が重視するのは称名念仏。

④ 信心は，「あらゆる行をすべて放棄し尽くした果てに，おのずと得られる」ものではなく，阿弥陀仏から賜ったものとされる。

**Point** 法然と親鸞の違いを理解しておこう。法然は末法の世には難行は困難として易行，専修念仏を説いたが，そこにはひたすら念仏を称えることで往生できるという若干だが自力の要素が残っている。親鸞の説く絶対他力では，往生は阿弥陀仏に救いを求めた時点で確定しており，さらにその信心すらも阿弥陀仏のおかげであるとされる。念仏は救われたことに対する感謝の気持ちを表わすものだ，ということでこれを報恩感謝の念仏という。何からなにまですべてが阿弥陀仏の力のおかげである，というこの境地を親鸞は自然法爾という言葉で表現している。

**14** 正解は ②

**一遍**は南無阿弥陀仏の名号こそが真の実在であるとし，ただ一度（＝一遍）だけでも名号を唱えれば往生できると説き，**踊念仏**を広めた。また，彼は念仏勧進（念仏を勧めること）に必要なもの以外の所持物を持たずに**遊行**したため**捨聖**とも呼ばれた。

① **『往生要集』**を著したのは**源信**。この世を厭い離れ，阿弥陀仏の極楽浄土に往生することを願い求めるという意味の**「厭離穢土，欣求浄土」**で知られる。

③ 即身成仏の仏は阿弥陀仏ではなく**大日如来**。大日如来は密教の本尊で，宇宙の永遠の本体であるとされる。密教で使われる**曼荼羅**はこの大日如来の慈悲と知恵を図像化したものである。

④ **四箇格言**と呼ばれる他宗への批判をおこなったのは**日蓮**。天災や争乱の原因は，**法華経**の軽視によると主張し，「念仏無間，禅天魔，真言亡国，律国賊」と，浄土系の宗派，禅宗，真言宗，律宗を排撃した。

**15** 正解は ④

**栄西**は，禅こそが末法の教えであるとして禅による天台宗の復興を目指し，日本**臨済宗**を創始した。

① 「仏の眼差しから見れば，貧富や身分の上下は見せかけにすぎない」というのは聖徳太子の考え方。

② 「厭離穢土，欣求浄土」は源信の浄土教。

③ 山川草木悉皆成仏という考え方。「涅槃経」の「一切衆生悉有仏性」を受け，中国でとくに「本覚思想」の中で発達し，日本でも天台宗を中心に論じられた。

**16** 正解は ②

**道元**は，同時代の法然や親鸞が他力本願を唱えていたのに対し，**自力によって修行を積み悟りを開くことを説いた**。引用された**『正法眼蔵』**では，一切の執着を離れて悟りの境地に入ること（**身心脱落**）について触れている。

② のように自己と仏が一体化するというのは誤り。悟りによって人間本来の仏性が現れる，と考えるのが正しい。

① 自己中心的なあり方を去ることは正しい。

③ 身心への執着が消滅することは正しい。

④ 「万法に証せらるる」とは，山河大地のすべての存在に自分の存在が実証されるという意味であり，「世界の方から自己に根拠づけられる」に相当するので正しい。

**17** 正解は ②

**a**は**ア**～**ウ**の三択で道元の思想を選ぶ。

**ア**は「ひたすら坐禅に打ち込み」の部分が**只管打坐**，「一切の執着から解き放たれる」の部分が**身心脱落**を意味し，**道元**の思想についての文章となっている。

**イ**の「南都六宗」は奈良時代に成立した仏教の六学派。南都六宗や天台宗，真言宗に対して，道元の曹洞宗は新仏教とされる。

**ウ**は「罪深い凡夫」，「自力によって悟りを開くことができない」とあるので，親鸞の思想と判断できる。道元は自力の修行によって悟りを開くことを説いている。

**b**は**エ**か**オ**の二択で修証一等の説明を選ぶ。

**エ**は「三密の修行」によって「仏と一体」とあるので空海の思想。

**オ**は**修行と悟りを等しいとする修証一等**の説明。

**18** 正解は ③

道元は，自力では悟れないとする末法思想を否定した。坐禅による悟りを主張し，修（坐禅の修行）と証（悟り）を一体のものとみなす「修証一等」の思想を展開した。

① 法然ではなく，彼の弟子であった親鸞の生涯。法然は，念仏停止の弾圧を受け，土佐に流された。

② **日蓮は「南無妙法蓮華経」と題目をとなえる「唱題」によって現世における仏国土の建設を目指した。「念仏」をとなえる浄土宗などは批判している。**

④ **明恵**は鎌倉時代の**華厳宗の僧**。法然の専修念仏の主張を，菩提心を軽視する邪見だとする厳しい批判の書**『摧邪輪』**を著した。

**Point** 栄西の伝えた臨済宗と道元が伝えた曹洞宗は同じ禅宗でも違いがあるので確認しておこう。臨済宗は坐禅の際に師から与えられた公案(悟りに至るための問題)に取り組むが，曹洞宗は一切を排してひたすら坐禅に打ち込む只管打坐が特徴である。いずれも自己の心を直接捉え，その本性である仏性に到達し悟りを開くことを目指す(直指人心・見性成仏)。

**19** 正解は ②

**日蓮**は，『法華経』をひろめることが日本を救う唯一の道であるとし，**他宗の教えを激しく非難した。**「宗派間での融和を図る」，「他宗に協力を呼びかける」は誤り（問題番号**14**の解説も参照)。

① 日蓮は，『法華経』の教えに従う政治を主張し，**『立正安国論』**を鎌倉幕府に献じている。

③ **「釈迦は時を超えて永遠に存在し続ける」というのは，『法華経』にある「久遠実成の仏」という考え方。**

④ 『法華経』には，苦難に耐え忍び，慈悲の心を持って利他行に励む菩薩が描かれている。迫害を受けた日蓮は，菩薩に自己をなぞらえ，**法華経の行者**としての自覚を深めていったとされる。

**20** 正解は ⑦

**ア** 大日如来の教えは密教。釈迦の教えは顕教(けんきょう)。顕教は言葉で明示され，一般の人々が理解できる分かりやすい内容であるのに対し，密教は宇宙の根本仏である大日如来の秘密の教え。空海は，身(しん)密(みつ)・口密(くみつ)・意密(いみつ)の三密の行により生きた身のまま大日如来と一体化する「即身成仏」を目指すことを説いた。

**イ** 『教行信証』を著したのは蓮如ではなく，親鸞。**蓮如は，御文（御文章）を書き，念仏の教えを門徒たちに分かりやすく伝えた。室町時代に浄土真宗を復興し，中興の祖といわれる。**

**ウ** 日蓮は，当時の疫病や飢饉の流行は『法華経』に従わないためにおこったものだとして，他宗を激しく非難し，『法華経』に帰依すれば国家は安泰になると考え，『立正安国論』を著した。

**21** 正解は ③

安土桃山時代に**茶道を大成した千利休は，「わび」の精神を重んじた。「わび」とは，簡素な中に美を見いだし，そこに安住する境地を示す。華麗，豪壮などと対立する概念。**「華麗なものにも簡素なものにも，等しく無常と美を見いだ」すのは誤り。

① 鎌倉時代末期の随筆家・歌人である**吉田兼好**は，**『徒然草(つれづれぐさ)』**の中で，「花は盛りに，月は隈なきをのみ見るものかは（花は満開のとき，月は満月のときにだけ見るものだろうか，いやそうではない。)」と述べ，**移ろいゆく無常な自然の美しさについて説いている。**

② 室町時代に能を大成させた**世阿弥**は**『風姿花伝(ふうしかでん)』**の中で，父観阿弥(かんあみ)の教訓をもとに**幽玄**の美を追求する能の神髄を説いている。演技者が目指す有様を「花」に譬え，**「秘すれば花なり，秘せずは花なるべからず」**と述べている。

④ 江戸時代の俳人である**松尾芭蕉**は，俳諧紀行**『奥の細道』**で知られる。**「さび」**は，芭蕉の俳諧の理念。**静寂・閑寂の中にひたり，それを超えて閑寂・枯淡にまで洗練していく美をあらわす。**

**22** 正解は ④

**「いき(粋)」は江戸時代の町人の美意識。対義語は野暮。もともと，遊里での心意気，遊び方が垢抜けてさっぱりと洗練されていることなどを意味し，そこから一般化した概念。**「武骨で垢抜けない素朴さ」や「勤労と倹約」は「いき(粋)」ではない。**九鬼周造**は**『「いき」の構造』**で「いき」を分析している。

① 「**幽玄**」は，もともと，仏法の奥深さを意味する語。それが和歌の批評において神秘的な余韻や情感をあらわす語になり，さらに能の世界で**世阿弥**によって能の美の本質とされた。

② 「さび」は「わび」と合わせて「わび・さび」と使われることが多いが，**「わび」**は物質的な不足を契機とする概念で，**千利休**が大成した茶道の理念。**「さび」**は心情的な孤独を契機とする概念で，**松尾芭蕉**が俳諧で重んじた美的精神。

③「**つう（通）**」は，世間や人情の機微に通じるという，**江戸時代に定着した美意識で町人の間に広まった。**「**いき（粋）**」に類似した概念で，「野暮」と対比される。

**Point** 日本の文化・文芸の中で形成されてきた独特の美意識に関しての用語，その意味，人物と著作などは油断せずしっかり確認しておこう。
無常を感じる作品としては吉田兼好の『徒然草』の他に西行の『山家集』，鴨長明の『方丈記』，『平家物語』などが有名。

## 第14章 近世日本の思想

**1** 正解は ③

**藤原惺窩**(ふじわらせいか)は江戸時代の儒学者で，近世儒学の祖といわれる。幼くして出家し，仏典とともに，儒学を学んだ。やがて還俗(げんぞく)して儒学者となった。徳川家康に招かれて政治について意見を述べたが，仕えることはなかった。

① 「民衆の強い支持を得ていた儒学」という記述は誤り。

② 「出世間(しゅっせけん)を説く儒学」が誤り。出世間を説くのは仏教である。「多くの優れた弟子」の一人に林羅山(はやしらざん)がいる。

④ 「徳川家康に仕え」という記述が誤り。徳川家康に仕えたのは，弟子の林羅山である。

**2** 正解は ②

**a** は林羅山か荻生徂徠の二択。レポートに「徳川家康ら徳川家の将軍に仕えた」，「持敬」とあるので，儒者の中でも朱子学者の林羅山だと判断できる。**「敬」は朱子学の中で重んじられた徳目であり，「つつしむ」の意。**一方，荻生徂徠は儒学の一派である古学の中で古文辞学をとなえた人物。朱子学には批判的な立場をとる。

**b** は**林羅山**の思想である上下定分の理(じょうげていぶんのり)を表す ② と ④ の文章が適当。**上下定分の理**は，天地自然の秩序と同様に人間関係にも上下を分ける理法が存在することを強調して，朱子学の立場から封建社会の身分制度を正当化した考え方。また林羅山は「敬」の心の具体的な現れとして「法度や礼儀」があるとした。

① と ③ の **b** は，**荻生徂徠**の古文辞学についての文章。荻生徂徠は，「理」の追求を説く朱子学を現実離れしたものとして批判し，本来儒教とは豊かで平和な社会を実現するための政治制度・社会制度を説くものだと考えた（問題番号**14**の解説も参照）。以上により，林羅山とその思想の組み合わせである ② が適当だと判断できる。

**3** 正解は ②

林羅山が理気二元論，窮理の立場である朱子学者であるところから，「天理を実現すること」「天理の具体化である礼儀法度を順守」が林羅山の説明として正しいであろうと推測し，消去法的に ② を選択してほしい。

① 心をつつしむ修養の厳格な実践を説き，後に儒教と日本の神道とを結合させた垂加神道(すいかしんとう)と呼ばれる独自の神道説を唱えた山崎闇斎(やまざきあんさい)の思想についての説明である。

③ ともすれば冷徹な人間理解に陥りがちだとして朱子学を批判し，『論語』などの本来の意義を捉える古義学を唱えた伊藤仁斎の主張。彼は，人間が生まれつき持つ多様な個性の存在を認め，それを前提として，個々人が直接孔孟の教えに学び，仁愛という人倫日用の道に従って生きることこそ，幅広い階層の人々が実践できる道徳であるととなえた。

④ 孝は，親子関係に限定されない，宇宙の根本生命の働きそのものであり，孝の具体的実践として，人はあらゆる他者を愛し敬うべきであるととなえたのは中江藤樹である。

**4** 正解は ③

上下定分の理は，朱子学者・林羅山が唱えた考え方で，自然に天地という上下の差別があるように，人間にも君臣の上下の差別があり，その秩序が保たれれば，社会秩序が乱れることはないとするものである。江戸時代の身分制度を思想面から支えるものとなった。

① **貝原益軒**(かいばらえきけん)は江戸中期の朱子学者。筑前国（福岡県）黒田藩の藩医であり，中国から伝わった薬物学である本草学，教育や経済にも通じる博学な人物。主著**『大和本草』**『養生訓』。

② **熊沢蕃山**(くまざわばんざん)は，中江藤樹に入門し，藤樹から思想的影響を強く受けた江戸前期の儒学者（問題番号**8**の解説も参照）。

④ **山崎闇斎**は江戸前期の儒学者。25歳で僧籍を捨て，儒者となった。中国の儒教と日本の神道との根本における一致を主張した彼の説は，**垂加神道**と呼ばれる。

**5** 正解は ③

**山鹿素行**(やまがそこう)は，「漢唐宋明の学者」の解釈を退け，「周公孔子の道」の真意を直接学びとる**古学を提唱**し，新しい武士のあり方として，農工商三民の師として人倫の道を実現し三民を導く**「士道」を確立**した人物である。「古典の言葉を正確に理解する古学の方法によって，六経に記された先王の道を学ぶべきであることを主張した」のは荻生徂徠。

① **雨森芳洲**(あめのもりほうしゅう)は，木下順庵に朱子学を学び，その推挙で**対馬藩に仕え，朝鮮との外交を担当した人物**である。「誠心の交わり」を旨として善隣外交に尽力した。

② **新井白石**(あらいはくせき)は江戸中期の朱子学者・政治家である。鎖国下の日本で，白石は，江戸に赴(おもむ)いたオランダ人や密入国によって幕府に捕らえられたイタリア人シドッチに対する尋問から西洋に関するさまざまな知識を得た。シドッチを尋問して得た西洋諸

国の言語，地理，宗教，政治，経済，軍事，風俗などの記録を，**『西洋紀聞』**としてまとめた。

④　伊藤仁斎は，『論語』『孟子』のもともとの意味（古義）を究明しようとする古義学を提唱した。朱子学が重視した敬や理より，「仁愛」こそが根本であると考えた彼は，これを実現するために真実無偽な心である「誠」の重要性と自分をいつわらず他人を欺かない「忠信」の実践を説いた。

**6**　正解は ②

**山崎闇斎**は，朱子学者であると同時に神道家でもあり，垂加神道を唱えた人物。垂加神道とは中国の儒教と日本の神道との根本における一致を主張するものである。したがって，儒教を尊重しつつも，日本の道を守るとすると推測される。ちなみに，**垂加神道**は，絶対尊王の立場を説くものでもあり，**幕末の尊王思想に影響を与えた。**

①「日本人としての立場を捨て」以降が誤り。垂加神道の立場からすると，儒教を尊重しつつも，神道の道を守ることとなるはずだからである。

③「儒教だけが……唯一の教え」の部分が誤り。闇斎は，中国の儒教と日本の神道の根本における一致を唱えていた。

④「日本の道こそ……儒教はそれを学ぶための手段にすぎない」は誤り。また「儒学者としての立場を捨てて」の部分も誤り。闇斎の主張は，中国の道としての儒教と日本の道としての神道の根本における一致であったため，儒教も尊重される。

**7**　正解は ②

**ア**「動植物への関心から博物学的な知のあり方を追究」より，本草学，教育や経済などにも通じる博学な人物であった朱子学者の貝原益軒の説明である。

**イ**「懐徳堂に学び，地動説に基づく独自の宇宙論を展開」から**山片蟠桃**の説明である。山片は，江戸時代後期の町人学者で，唯物論的な立場を取る。天文・宗教・経済・歴史などを論じた著書『夢の代』では，地動説にもとづく宇宙論を説くとともに，**無鬼論**（**無神論**）の主張，地動説の支持などを説いた。また，物価は需要と供給の関係で定まるとも説き，幕府の経済政策批判をおこなった。

**ウ**「**条理学**を構築した」のは，江戸時代の思想家・自然哲学者で，医者でもある**三浦梅園**。自然に条理が備わっているとする条理学と言われる独自の学問体系を築いた。主著は『玄語』。

**8**　正解は ④

日本陽明学の祖である**中江藤樹**は，９歳から祖父に引き取られ武士として育てられた。そこで朱子学を学ぶが，父の死後，学問への懐疑もあり，27 歳で武士の身分を捨て母のいる故郷に帰った。その後，藤樹書院を開き，熊沢蕃山などの門人を集めた。藤樹は，道の根源を「**孝**」に求める。「そもそも孝は万物を生み出す宇宙の本体である太虚の全体にゆきわたり，永遠に終わりもなく始めもない。孝のないときもなく，孝のないものもない」（**『翁問答』**）とし，孝を人間関係における人倫の基本であるにとどまらず，すべての人を**愛敬**する万事万物の道理でもあり，また，天地万物の存在根拠をなすものとした。

①　新井白石は，幕政に参与した江戸中期の朱子学者。主著の『西洋紀聞』（問題番号**5**の解説も参照）。

②　貝原益軒は江戸中期の朱子学者（問題番号**4**の解説も参照）。

③　**熊沢蕃山**は，**中江藤樹の弟子**。蕃山の思想の中心は「時・処・位」である。たとえば，ある状況では適当な礼法も，違う状況では不適当になることがあるように，普遍的性格をもつものではないとした。岡山藩主池田光政に仕えるなど藩政改革に貢献した人物。

**9**　正解は ②

中江藤樹は，日本陽明学の祖。藤樹は，「孝」を「愛敬」という二字に要約できるとしている。そして一方，天地人をつらぬく宇宙原理でもあるとし，あらゆる人間関係の根本と説く。

①「古学を提唱」したのは山鹿素行であるから誤り。士道論とは，素行が主張したもので，武士に農工商の三民を率いること，その長として人の道を実現し，人々の模範となることを求めるものである。

③　心学を説いた石田梅岩の説明であるから誤り。梅岩の学問は，神道，仏教，儒教，老荘思想を折衷したもので，石門心学と呼ばれる。石門心学では，「正直と倹約」が町人道徳として大切であると説いている。

④　安藤昌益の主張の説明であるから誤り。昌益は，すべての人が農業に直接携わり，自給自足の生活を送る万人直耕を理想としていた。

**Point**　朱子学で重視される「敬」は「つつしむ」の意で，私的な感情や欲求を「つつしんで」，本然の性である理にたちかえることが求められるが，これが居敬である。中江藤樹は陽明学に傾倒し朱子学を批判するが，藤樹のいう「愛敬」の「敬」は「上をうやまい，下をあなどらない」という意であり，同じ「敬」の字でも意味が全く異なるので要注意。

**10** 正解は①

**山本常朝**(やまもとつねとも)は，「武士道といふは死ぬ事と見付けたり」の一説が有名な武士の修養書**『葉隠』**(はがくれ)を口述した人物である。その内容は人格と敬意を重視するものであった。設問に引用された一節では，自分の意見を述べる際に相手を尊重し信頼を得ることの重要性を説いている。

② 「相手の善悪について」以降が誤り。引用された一節には「人に恥をかかせ，悪口する」ことは避けるよう述べられている。

③ 「相手に見切りをつけることが必要である」が誤り。引用された一節では，そのようなことは「何の益にも立たず」とされている。

④ 「折り合いのつく地点まで」以降が誤り。「気を引き立つ工夫を砕き，渇(かわ)く時水呑(の)む様に請(う)け合せ」ること，すなわち，相手の立場や心持ちを配慮し，相手が受け入れやすいように意見を述べることを重要視していると読み取れる。

**11** 正解は③

**山鹿素行**(やまがそこう)は林羅山に入門し，儒学を学んだ江戸時代の儒学者・兵学者である。朱子学を批判し，孔子や周公の教えに基づく**古学を提唱**した。古学派とは，孔子や孟子の教えに直接学ぼうとした儒学者をさす。そして古学の立場にもとづき，礼節をわきまえ，**農工商三民の手本となることこそ武士の職分であるとする士道を大成させた**。『山鹿語類』では「士は農工商の業をさし置いて此道を専らつとめ」と，武士が人倫を正すことを唱えた。

① **安藤昌益**の思想の説明である。昌益は，全ての人々が農業に従事し，自給自足の生活を営む「**万人直耕**」，あらゆる差別のない「**自然世**」を理想とした。そして差別と搾取の当時の封建社会を「法世」として否定した。選択肢の文章は主著**『自然真営道』**の一節を説明したもの。

② **山本常朝**の「**武士道**」の説明である。山鹿素行が武士を農工商の三民を率い，その長となって人の道を実現することにあるとしたことに対して，常朝の武士道は，「武士道といふは死ぬ事と見付けたり」の言葉にもあらわれているように，**不断の死への覚悟**を説いたものである。

④ **石田梅岩**の思想の説明である。梅岩は「士農工商は天下の治る相となる。(中略) 士は元来位ある臣なり。農人は草莽の臣なり。商工は市井の臣なり。(中略) 商人の売買するは天下の相なり」とし，商人が利益を得るのは正当な報酬であり，武士が俸禄を得るのと同じだとした。

**12** 正解は②

**伊藤仁斎**(いとうじんさい)は，はじめ朱子学を学ぶも，のちに朱子学を批判した**古義学**の祖である。仁斎は「孔孟の本指」を明らかにすることを主張し，朱子などの後代の解釈的な注釈を排し，『論語』や『孟子』を熟読精思することを説いた。そして，当時の朱子学者の説く理が形式的なものにすぎないと批判し，仁は愛，人間相互の愛を人倫の道ととらえ，「**誠ならざれば，仁にあらず**」とした。自分に対しても他人に対してもいつわりを持たない純粋な心である**誠**を重要視した。

① 「易姓革命の理を説いた」が誤り。林羅山の「上下定分の理」に見られる通り，封建的身分秩序を正当化する立場が当時の朱子学者たちの主流であった。

③ 「愛敬」は陽明学者の中江藤樹の用語であり誤文。「居敬」であれば正しい文となる。

④ 「知行合一」は陽明学の立場。

**13** 正解は①

江戸中期の儒学者である**荻生徂徠**(おぎゅうそらい)は，それまでの道徳論を中心とした日本の儒学のあり方に疑問を持ち，山鹿素行の古学，伊藤仁斎の古義学をさらに進め，**古文辞学**を確立させた。**古文辞とは，中国古代の文章と言語のこと。これらを古代中国語に習熟したうえで正確に読解する必要性**を訴えた。これが本居宣長の**国学に影響**を与えたのである。

② 「孝」を重視し，「近江聖人」と呼ばれたのは，陽明学者の中江藤樹。「孝」とは「愛敬」のことであり，人間関係における共通の徳のことである。

③ **『聖教要録』**(せいきょうようろく)を著したのは山鹿素行。素行は幼いころから儒学や兵学を学び，日常に役立つ実学を追究していた。『聖教要録』では古学が主張され，士道の確立が説かれている。

④ 「誠」の心情を重んじたのは伊藤仁斎。**仁斎の「誠」とは自分を偽らない「忠」と他人をあざむかない「信」を実践すること**である。

**14** 正解は②

「仁愛に満ちた人間関係」を理想として追求したのは伊藤仁斎。当時，日本の儒学でもっとも勢力のあった朱子学は厳格に道徳を説くものであったが，**荻生徂徠**は，これに対し疑問を抱き，古代中国語に習熟したうえで，中国の古典を正確に読解すべきと主張した。その上で，**先王の道とは，安天下の道であり，安定した社会秩序を実現するための礼楽刑政**(れいがくけいせい)**(政治制度) のことである**とした。また学問の目的は経世済民(けいせいさいみん)でなければならないと主張した。

① 徂徠は道を先王が定めた礼・音楽・刑罰・政治

制度などをあわせたものを「**礼楽刑政**」として，朱子学が言うような天地自然の秩序に基づいた道ではなく，人為的なものと主張した。

③ 徂徠は，朱子学が天地自然のこととしている士農工商の社会秩序を，先王が決めた人為的なものと捉える。それぞれの特性を十分発揮させることがよい政治であり，経世済民である。徂徠にとって，万人が聖人になれというのは無理な要求であった。

④ 徂徠が確立した古文辞学のことである。

**Point** 荻生徂徠は，本来の儒学の目的である経世済民（世を治め民を救うこと）をおろそかにし，精神論に陥りがちな朱子学を批判したわけだが，その後弟子の一人である太宰春台は『経済録』を著し具体的な経済政策を説くようになり，経世論の発展につながっていくのである。

**15** 正解は ③

山本常朝は主著『葉隠』で主君への献身的な姿勢を恋にたとえた。山鹿素行の説く士道とは対極に位置するもので，山本は山鹿の士道を批判している。

① **近松門左衛門**（ちかまつもんざえもん）は，江戸時代中期の**浄瑠璃**（じょうるり）**・歌舞伎の脚本作家**。『曽根崎心中』など世話物の作品で，義理・人情の板挟みにあう庶民の姿を描いた。「義理」と「人情」の説明が逆になっているところが誤り。**義理**は他者との間の道で，公的な規範であり，**人情**は，人間的な情愛など私的な感情をさす。

② **井原西鶴**（いはらさいかく）は，江戸時代前期の**浮世草子作家**。西鶴は，『日本永代蔵』『世間胸算用』『好色一代男』などが有名。「憂き世」を「浮き世」として，町人の享楽的な生き方を肯定的に小説に描いた。また，勤勉，倹約などの意義も説いている。

④ **契沖**（けいちゅう）は江戸時代中期の**国学の先駆者**。その著『**万葉代匠記**』（まんようだいしょうき）は『万葉集』全巻の注釈書。選択肢の記述は，契沖ではなく，本居宣長についての記述である。宣長は，国学の大成者といわれ，『源氏物語』や『古事記』を研究し，ものに触れたときに自然に起こるしみじみとした感情の動きである「もののあはれ」を重んじた。また儒仏に感化された漢意を取り除き，生まれながらの真心に従って生きることを説いた。

**16** 正解は ①

**契沖**は，古代の歴史仮名遣いを明らかにするなど，文献学的方法を確立した人物であり，『万葉集』の注釈書である『万葉代匠記』を記し，古典の実証的研究により古代日本人の精神を明らかにしようとする国学の先駆者となった。

② **荷田春満**（かだのあずままろ）は，京都伏見神社の神官で，神道と歌学を修め，契沖の万葉学と伊藤仁斎の古義学に影響を受けて記紀・万葉研究の基礎を築いた。「儒学・仏教・神道を通して己の理想的な心のあり方を究明する心学」とは，石田梅岩の石門心学のことである。

③ 「事物にふれて生じるありのままの感情を抑制する」が誤り。「事物にふれて生じるありのままの感情」を本居宣長は「もののあはれ」とし，これを文芸の本質とするだけでなく，人間性の本質であるとも主張し肯定している。

④ 「『古事記』の研究を通して，身分の相違や差別のない日本古来の理想世界を見いだし」が誤り。**平田篤胤**（ひらたあつたね）は，儒教・仏教の影響を排して，純粋に日本古代の神道に復する**復古神道**を唱えた人物である。

**17** 正解は ④

江戸中期の国学者である**賀茂真淵**（かものまぶち）は，日本古来の道を明らかにするために古語の研究の必要性を説き，**『万葉集』研究**に取り組んだ。真淵は，『万葉集』の歌風を男性的でおおらかな「**ますらをぶり**」ととらえ，そこに古代日本人の，私欲を取り去った素朴で高貴な心である「**高く直き心**」を見出した。主著『**万葉考**』『国意考』。

国学は，「古典を実証的に研究する古学派の方法に影響を受け」，基礎となる厳密な古典の研究方法にもとづいた文芸の研究を通じて，日本固有の精神の究明を目指した学問である。したがって，①と②は誤り。

「**たをやめぶり**」は，『古今集』や『源氏物語』にみられる女性的でやさしい歌風であり，本居宣長はこれを古代の精神であると肯定的に捉えたが，賀茂真淵は批判的だった。よって③も誤り。

**18** 正解は ②

**本居宣長**は，日本古来の精神を理解するために，儒教や仏教などの中国思想の影響をうけた心である漢意（からごころ）を捨てて，古典の実証的研究を通して，日本古来の道（古道）である「**惟神の道**」（かんながら）を理解し，日本人が本来もっている汚れのない「**善くも悪しくも生まれつきたるままの心**」である「**真心**」に従って生きることを説いた。それは『源氏物語』に見られる「物事に触れたときにおこるしみじみとした感嘆」である「**もののあはれ**」を知る心にも通じるものであった。

① 「儒教や仏教を批判的に受容」は誤り。宣長は，真心を取り戻すために儒教や仏教などの漢意を排除することを主張している。また「からくにぶり」とは中国から伝わった儒教や仏教の思想の影響を

うけた歌風，人間のあり方のこと。

③「人間の普遍的な生き方としての道」が誤り。惟神の道は，日本固有の理想の道であり古道ともいわれる。「儒教や仏教と同じく」も誤り。

④「もはや実現不可能な，古代日本人に特有の理想的な生き方」が誤り。宣長は，惟神の道を漢意を排除したところに見出されるとし，真心にかなったものとして説いた。

**19** 正解は ④

本居宣長は，「漢意」を排し，日本古来の「真心」を重視すべきと主張した（問題番号**18**の解説も参照)。

① 平田篤胤の復古神道についての記述。

② 賀茂真淵についての記述。「高く直き心」とは古代日本人の，私欲を取り去った，素朴で高貴な心のこと。

③ 柳田国男についての記述。「無名の人々」とは柳田の造語である「常民（じょうみん）」を指す。常民とは，民間伝承を保持し続けている普通の人々のことで，柳田はその常民の生活を研究対象とし，民俗学を確立した。

**20** 正解は ③

「死に際しても動揺せず澄んだ心でいるためには」という記述は誤り。これは，**平田篤胤**が『霊能真柱（たまのみはしら）』で展開した「死後安心論」についての説明であるが難しい。「よくあしくもうまれつきたるままの心」である真心を重視した宣長らしくないと推測するしかない。

① 宣長は，人の死について，人は死後必ず「きたなくあしき」黄泉の国に行くのだから，死ぬことほど悲しいことはない，としている。

② 宣長によれば，光源氏は「もののあはれ」を知る心ある人であり，魅力的な人物である。

④『源氏物語』に見られる「もののあはれ」の感情はありのままの素直な真心の現れと宣長は捉え，それこそ人間の真の姿とする。

> **Point** 賀茂真淵と本居宣長の共通点と相違点を確認しておこう。外来思想の影響を排除して，日本古来の精神に立ちかえるべし，という点は両者共通している。一方，『古今集』や『源氏物語』にみられる女性的でやさしい歌風を「たをやめぶり」として真淵は批判したが，宣長は「もののあはれ」を知る心として高く評価した。用語の違いも合わせてしっかり覚えておこう。

**21** 正解は ④

**平田篤胤**は江戸末期の国学者である。**復古神道**を体系化した。幕末の尊王攘夷（そんのうじょうい）運動に影響を与えるとともに，明治維新において日本人の民族意識が形成されるきっかけをつくった。主著『霊能真柱』。

①「ますらをぶり」「高く直き心」から賀茂真淵についての記述である。

②「仏教・儒教・神道の教え」を成立過程から歴史的に批判したのは**富永仲基（とみながなかもと）**（問題番号**24**の解説も参照)。

③ 幕末の思想家である**吉田松陰（よしだしょういん）**についての記述。国民は天皇にのみ忠誠をつくすべきという**一君万民論（いっくんばんみん）**を展開し，尊王倒幕運動に影響を与えた。松下村塾を開き，高杉晋作（たかすぎしんさく）・伊藤博文・山縣有朋（やまがたありとも）などを輩出。

**22** 正解は ③

**石田梅岩**の学問は，神道・仏教・儒教・老荘思想を折衷したもので，**石門心学**と呼ばれる。梅岩は，商人の営利活動を天理として肯定したが，身分制度そのものを否定したわけではない。**彼は，士農工商の職業を社会的分業と捉え，自分の職分に満足し（知足安分），正直と倹約を心がけ，分を超えた私利私欲を抑える町人道徳を平易に説いた。**主著『**都鄙問答（とひもんどう）**』

①「仏教を排斥しようとする姿勢」が誤り。梅岩は，商人としての生活体験をもとに，心を磨く材料であれば，神道・儒教・仏教・老荘思想・国学を偏見なく活用した。

② 梅岩は，道徳を町人にもわかりやすく日常に実践できる形で説いた。彼の私塾は，聴講料無料，出入り自由の上，女性も次の間で障子越しに聞くことができたという。

④ 梅岩は，商業行為の正当性を主張するとともに，**「商人の買利は士の禄に同じ」と説き，正直と倹約に基づいた，商いによる利益の追求を，天理にかなう正当な行為であるとして肯定した。**

> **Point** 石田梅岩の説く正直・倹約の意味に関しては注意が必要。商人にとっての「正直」とは正当な仕方で利益をあげること，「倹約」とは物と人とを有効に活用すること，である。

**23** 正解は ⑥

**ア** **鈴木正三（すずきしょうさん）**は江戸初期の禅僧である。徳川家に仕え，関ヶ原の戦い，大坂の陣に参加している。正三は，「職分仏行説」を説いている。「職分仏行」とは，あらゆる人々がそれぞれの職業に専心するときに仏行となるという説である。

**イ** **熊沢蕃山（くまざわばんざん）**は，23歳から中江藤樹のもとで学んだ江戸期の代表的な陽明学者。岡山藩主の池田光政に仕官した際には，洪水対策などで治績をあげた。のちに社会批判したことを幕府にとがめられ，晩年は隠棲した。**イ**の内容は『集義外書』に著されたもの。蕃山は「山林は国の本である」とし，山を荒廃させることが国を滅ぼし乱世を招く原因であるとも述べた。

**ウ**　石田梅岩の記述（問題番号**22**の解説も参照）。

**24**　正解は ③

③は本居宣長についての記述。**手島堵庵**は，京都の裕福な商家に生まれて家督を継いだが，石田梅岩に師事し，梅岩の死後は家業を長男に譲り，明倫舎などの心学講舎を各地につくって**石門心学の教化普及に尽力した心学者**である。

① **富永仲基**は，大坂の**懐徳堂**に学んだ町人学者である。大乗仏典を文献学的に検討した彼は，仏典のすべてが釈迦自身の教説であるとは限らず，後代に付加されたものもあるという**加上説**を唱え，**大乗非仏説論**を主張した。

② **山片蟠桃**は，大坂の両替商升屋の番頭として主家の興隆に尽くした商人であると同時に，**懐徳堂**に学び，合理主義的精神に富む独創的な思想を説いた人物である。主著『夢の代』では，地動説に基づく独自の宇宙論を展開するとともに，合理主義的観点から迷信や霊魂の存在を否定する**無鬼論**を展開した。

④ **安藤昌益**は，自ら耕さずに農民に寄生している武士や町人など（不耕貪食の徒）が存在する当時の差別社会を「法世」と呼んで批判し，**すべての人々が田畑を耕して衣食住を自給する平等社会である万人直耕の「自然世」への復帰を説いた**。また，この見地から，儒教，仏教，神道といった伝統思想は，堕落した社会を保守するものであるから批判されるべきであると主張した。主著『**自然真営道**』。

**25**　正解は ①

**二宮尊徳**は，農民としての苦しい体験から独自の思想を生みだした。尊徳の根本をなす思想は，**報徳思想**である。自分が今ここにあるのは，君・親などの徳のおかげであり，その恩に自らも徳をもって報いるべきというもの。報徳の具体的なあり方として，自分の財力に応じた生活設計をする「**分度**」と倹約して今年のものを来年に，そして子孫および他人に譲るという「**推譲**」の実践を説いた。尊徳はこのように，農民に合理的な経済活動をおこなうよう働きかけた。

**26**　正解は ②

幕末の洋学者である**佐久間象山**は，「**東洋道徳，西洋芸術**」の言葉で，東洋の道徳と西洋の科学技術のそれぞれの長所を取り入れる**和魂洋才**によって，富国強兵を図るべきと主張した。

① 「東洋の道徳は西洋の芸術に対抗できる」が誤り。**象山は，東洋の伝統的精神のうえに「西洋芸術」すなわち技術を取り入れることを主張していた**。

③ 「東洋の道徳では西洋の芸術を理解できない」が誤り。

④ 「東洋の道徳と西洋の技術とは対抗関係にある」が誤り。

**27**　正解は ④

長崎でシーボルトから医学・洋学を学んだ**高野長英**は，渡辺崋山らとともに尚歯会をつくり，洋学を研究するとともに国際情勢についての知識を深めた。1838年，『**戊戌夢物語**』を著し，アメリカ商船モリソン号を砲撃した幕府の政策を批判した結果，**蛮社の獄によって処罰されることとなった**。

① 享保の飢饉で苦しむ民衆を救うために，甘藷の栽培を唱えたのは，「甘藷先生」と呼ばれた**青木昆陽**。儒者，蘭学者でもあった彼は，蘭学の基礎を築き，その成果は，門人の前野良沢らに受け継がれた。

② **緒方洪庵**は，江戸後期の蘭学者・医者・教育者。大坂・江戸・長崎で医学・蘭学を学んだ後，大坂で蘭学塾「**適塾**」を開き，大村益次郎・福沢諭吉・橋本左内らを育てた。「実学的な観点から西洋の議会主義を高く評価し，積極的な開国論を主張した」のは，肥後（熊本）出身で福井藩主松平慶永（春嶽）に用いられた**横井小楠**である。

③ 「『**解体新書**』を訳述し，オランダ医学を教授して，人体構造についての正確な知識の普及に努めた」のは，**前野良沢**や**杉田玄白**らのことである。**渡辺崋山**は，田原（愛知）藩の家老で，洋学者でもあり，高野長英らと尚歯会を結成し，幕府の対外政策を批判した『**慎機論**』を著したため，**蛮社の獄に連座して自刃した**。

**Point**　幕末の尊王攘夷論に関係する思想を確認しておこう。尊王は天皇崇拝，攘夷は外国人排斥で，この両者が結合し，幕末に尊王攘夷運動として，過激な政治運動となった。

- 儒学者，山崎闇斎の垂加神道
- 国学者，平田篤胤の復古神道
- 水戸学，会沢正志斎の「大義名分」論
- 長州藩士，吉田松陰の一君万民論　　など

## 第15章 西洋思想の受容と展開

**1　正解は ④**

政治家の**森有礼**は，旧来の婚姻風俗を否定し**男女同権の一夫一婦制を主張した人物**。自らも婚姻契約にもとづく結婚をした。幕末に英米へ留学し，福沢諭吉ら啓蒙思想家に呼びかけ**明六社を創立**した。

一方，哲学者の**西周**は，実証主義・功利主義の影響を受けながら思想活動をおこない，**「哲学」「理性」「主観」「客観」「現象」「意識」など多くの西洋哲学用語の日本語訳を考案した（『百一新論』）**。

**中村正直**は，明治前期の教育学者・啓蒙思想家である。スマイルズの『自助論』を訳した**『西国立志編』**やJ.S.ミルの『自由論』の翻訳である**『自由之理』**は広く読まれた。

**加藤弘之**は，明治の法学者・思想家。天賦人権論を主張。啓蒙思想家として活躍。しかし1882年の**『人権新説』**では**天賦人権論を否定**して論争となった。晩年には国権論を展開した。

**2　正解は ④**

**福沢諭吉**は，明治の啓蒙思想家である。欧米諸国に渡った経験から，日本の独立を確立するために，西洋の近代文明を積極的に摂取する必要性を主張した。設問で引用された一節では，東洋文明は西洋文明に及ばないこと，後れた文明は先立つ文明に制されると述べ，このまま旧来の思想に固執していては独立が危ういどころではないとしているため，西洋文明を積極的に導入すべきと解釈される。

① 「西洋文明をもっぱら知識・技術として積極的に摂取すべき」が誤り。ただ知識・技術を取り入れるだけでは足りないと読みとれる。

② 「模倣に陥り，独立が危うくなる可能性がある」が誤り。西洋文明を摂取し，日本の近代化をはからないと独立が危うくなると主張しているのである。

③ 「後れている文明が進んでいる文明に支配されるという理屈は誤り」の部分が不適切。「理屈は誤り」なのではなく，東洋文明が西洋文明に「支配される」ことを危ぶんでいる。

**3　正解は ③**

**福沢諭吉**の構想する近代的人間を支える思想の中心は，**独立自尊**である。**独立自尊とは，近代市民的な自主独立の精神のことであり，封建的な学問や道徳を批判し，個人主義・自由主義を通して日本社会の近代化と国民の啓蒙をはかろうと試みたものである。**

① 福沢は「伝統的精神を基盤に生きる人間」を構想したのではなく，独立自尊の精神をもった個人を構想していた。

② 明治の文明開化を「上滑り」の「外発的開化」と批判したのは夏目漱石である。「外側からの開化」を福沢は否定するものではなく，むしろ西洋の実用的な学問を積極的に摂取することを説いた。

④ 「キリスト教の精神を基盤に」が誤り。福沢は**『文明論之概略』**において，「古習の惑溺を一掃し」と儒教批判をしているものの，キリスト教ではなく，実用的な西洋学問である「**実学**」によって独立自尊をめざそうとしていた。

**4　正解は ③**

福沢諭吉は**脱亜論**の主張の中で，**アジアの悪友を「謝絶」し，西洋文明国と同様の方法でアジアに進出すべきと論じている**。そしてアジアの諸国に対しては，西洋諸国と同じ態度で接するべきであるとしている。よって，アジアにおいて「同等主義を重んじ」は誤り。

① まさに福沢の脱亜論の主張内容を適切に述べている。

② 福沢によれば，西洋文明とは麻疹のようなもので，伝染性を持つものであり，日本は西洋文明を積極的に取り入れるべきと主張している。

④ 福沢の脱亜論で展開されている主張に合致している。福沢は，日本が西洋の文明諸国と進退をともにし，近代国家の仲間入りすることを説いた（入欧）。

> **Point** 福沢諭吉に関しては，独立自尊，実学重視はもちろんだが，脱亜論や，文明国である日本が野蛮な中国を導く正しい戦争として日清戦争を肯定したこと，官民調和を唱えて自由民権運動には批判的だったこと，生まれで身分は決まらないが，学問をしたか否かで人の上下が決まると主張したこと，なども近年の出題傾向として，押さえておこう。

**5　Aの正解は ①，Bの正解は ③**

**福沢諭吉**は，『文明論之概略』において「古習の惑溺を一掃して西洋に行わるる文明の精神を取るにあり」と述べており，**幕藩体制の基盤となっていた封建的な身分制度と儒教精神を強く批判**していた。一方，文明を進化論的に捉え，日本を半開とし，一定の成果は見られるが，内面的には発達が遂げられていないとしている。

**西村茂樹**は，福沢と同様に明六社に参加した明治の思想家である。**西村は，急激な欧化主義に対して，日本の伝統的な文化や道徳を尊重すべきと主張した**。そして，**『日本道徳論』**の中では，儒教を基礎に西洋哲学の長所を取り入れる「**国民道徳**」論を展開した。また文部省に出仕し，修身科の設置につとめ，民間では**日本弘道会**を創設し，国民道徳の教化に努めた人物。

② **新渡戸稲造**の記述。新渡戸は，内村鑑三らとともに札幌農学校に学び，キリスト教の洗礼を受け，「太平洋の架け橋とならん」と志し，英文で『**武士道**』を紹介した。その際，武士道は，キリスト教を受け入れる基盤ともなると紹介していた。

④ 明治の自由民権思想家である**植木枝盛**の思想。**植木の起草した私擬憲法には，主権在民や天賦人権論のほか，国民の抵抗権の保障がうたわれていた。**

⑤ 本居宣長など**国学者**についての記述。宣長は，儒教や仏教など中国思想から影響を受けたものである漢意を捨てて，古道（惟神の道）を研究することの重要性を説いた。

**6** 正解は ③

中江兆民ではなく**幸徳秋水**に関する記述。秋水は兆民に師事したが，後に自由民権思想から社会主義思想へとすすみ，社会民主党を創立。「平民新聞」で反戦論を展開した（問題番号**15**の解説も参照）。

**中江兆民**はルソーの『社会契約論』を翻訳した『**民約訳解**』を出版し，「**東洋のルソー**」と呼ばれた人物。人民の権利には為政者が上から民衆に与える「恩賜的民権」と，下から民衆が勝ち取る「恢復（回復）的民権」があるとし，**「恩賜的民権」から「恢復（回復）的民権」に変えていくことが日本の課題**とした。『**三酔人経綸問答**』や『一年有半』『続一年有半』は兆民の主著である。

**7** 正解は ②

**中江兆民**の『**三酔人経綸問答**』の内容。「民衆が国家から勝ちとる権利と上から民衆に恵み与えられる権利」は「恩賜的民権」と「恢復（回復）的民権」のこと（問題番号**6**の解答も参照）。

① 社会進化論の立場からの記述。

③ ルソーの社会契約説についての記述。

④ アダム＝スミスの神の「見えざる手」および自由放任主義（レッセ・フェール）についての記述。

**8** 正解は ②

**中江兆民**は，明治の自由民権論者。「民権是至理也。自由平等是れ大義也」として専制政府を批判した。直接選ぶのは少々難しいが，消去法で正解を選べる。

① 日本陽明学の祖である**中江藤樹**の説明。藤樹の「孝」とは単に人間関係における人倫の基本であるにとどまらず，すべての人を愛敬する万事万物の道理でもあり，また，天地万物の存在根拠をなすものである。

③ **西田幾多郎**の「純粋経験」についての記述。「純粋経験」とは主客未分の具体的直接的経験とされ，自己と対象の対立・分離以前の根本的な経験とされる（問題番号**25**の解説も参照）。

④ **安藤昌益**についての記述。昌益は「法世」を，人為的な法や制度により上下の身分が定められている差別社会とし，これに対して，すべての人が「直耕」，すなわち直接農業生産活動にかかわる平等な社会「自然世」への復帰を主張した。

⑤ **北村透谷**についての記述。主著『**内部生命論**』では，肉体的な外部生命に対し，精神的な内部生命を想定し，内面的世界における自由と幸福を重んじ，それによって自我の確立をはかることを説いた。

**9** 正解は ①

「キリスト教に出会い，日本人はこれを土台として武士道の精神を育むべき」が誤り。正しくは，**新渡戸稲造**は，**武士道がキリスト教を受け入れる土台になると主張した**のである。

② **鈴木大拙**は，禅について英語で海外に紹介した仏教学者である。

③ **武者小路実篤**は文学者。白樺派の中心的人物。トルストイに傾倒。理想社会を目指して「**新しき村**」を建設した。主著は『友情』『お目出たき人』『真理先生』など。

④ **折口信夫**は国文学者・民俗学者・歌人。柳田国男の民俗学を国文学に反映させた。

**10** 正解は ③

**ア**には「武士道」を海外に紹介したという記述から，英文で『武士道』を著した**新渡戸稲造**（問題番号**5**の解説も参照），**イ**には「東京神学社を創設して日本の神学界において指導的な役割を果たした」から**植村正久**が入る。植村は，明治・大正における日本プロテスタント教会の指導者。維新後，横浜でキリスト教に入信。その後，**伝道と教会建設に尽力。東京神学社を創立した。**

① **ア**の**内村鑑三**は札幌農学校で学び，「**二つのＪ**」すなわちイエス（Jesus）と日本（Japan）に生涯をささげた日本の代表的キリスト者。武士道精神がキリスト教の土台になると考えていた点は新渡戸と共通していた。

② **イ**の**井上哲次郎**は，「不敬事件」に触発され，教育勅語を哲学的に基礎づけ，注釈した人物。天皇を中心とした**国家主義**の立場に立ち，不敬事件

をきっかけとして，**キリスト教を教育勅語の道徳に反する教説だとして攻撃した。**

**11** 正解は ①

「英文で『武士道』を著して」が誤り。英文で『武士道』を著したのは**新渡戸稲造**である。

**内村鑑三**は札幌農学校で学んだ（問題番号**10**の解説も参照）。第一高等中学校の講師時代に，教育勅語の奉読式で勅語に「敬礼」しなかったとして，批判を受け，辞職に追い込まれた**不敬事件**がある。**日露戦争ではキリスト教信仰に基づいて非戦論を展開した。**

② 内村の「**二つのJ**」についての説明。

③ 内村の**無教会主義**についての説明。

④ 内村の主著の一つ**『代表的日本人』**の中で主張された内容。

**Point** 内村鑑三のキリスト教徒としての立場，聖書中心主義，無教会主義はプロテスタンティズムを徹底したものとして評価されている。そしてイエスへの信仰と日本への愛国心は矛盾しない，としたところに注目しておこう。

**12** 正解は ④

**内村鑑三**は，日清戦争の時代には，日本の正義を信じ，英文で「日清戦争の義」を発表して，戦争支持を日本国内外に発信していたのだが，終戦後，戦争のもたらした結果をみて非戦論に転向。神が絶対的平和を命じているとして日露戦争に反対した

① 内村鑑三に関する記述。西郷隆盛・上杉鷹山（うえすぎようざん）・二宮尊徳・中江藤樹・日蓮の五人について叙述した**『代表的日本人』**は，**新渡戸稲造**の**『武士道』**，**岡倉天心**（おかくらてんしん）の**『茶の本』**と並び，日本人が英語で日本の文化・思想を西欧社会に紹介した代表的な著作である。

**新島襄**（にいじまじょう）は，幕末に国禁を犯してアメリカに渡り，帰国後，京都に**同志社英学校**を創設して，**キリスト教に基づく教育を行った宗教家・教育者。**

② 前近代的な「亜細亜東方の悪友（中国・朝鮮）」を謝絶し，欧米列強に接近すべしという**脱亜入欧論**を唱えた**福沢諭吉**の説明。福沢は，明治17年，「時事新報」の社説「宗教もまた西洋風に従わざるを得ず」で，キリスト教を一時的とはいえ排撃したことは誤りであったと自己批判し，日本の国も独立の地位を保つためにはキリスト教という欧米文明国と同じ色の宗教を盛んにすることが必要だと述べている。

③ **新渡戸稲造**の主張。彼は，キリスト教的人格主義に基づく教育に尽力するとともに，**「太平洋の架け橋とならん」ことを志し，国際連盟事務次長に就任**するなど，日本と世界の平和のためにも貢献した。

**植村正久**は，東京神学社を創設して，明治・大正期の日本のプロテスタント教会において指導的な役割を果たした人物である（問題番号**10**の解説も参照）。

**13** 正解は ③

西欧の模倣に走る欧化主義に反発した**三宅雪嶺**は，志賀重昂らと政教社を設立し，雑誌『日本人』を創刊して，**国粋主義**（**国粋保存主義**）を唱道した。**国粋主義とは，日本の文化・伝統を他国より優れたものとして，それを守り自国民を鼓舞することを目指す立場である。**彼は，欧化主義を批判し日本の伝統や国情に即した改革を説いたが，一方で広く世界人類の幸福実現に対する日本人の使命の自覚も強調している。主著『真善美日本人』

① 『勅語衍義（えんぎ）』で教育勅語を注釈し，『国民道徳概論』で個々の家長に対する孝は臣民の天皇に対する忠に通じるという天皇制国家主義の道徳を説いた**井上哲次郎**の説明（問題番号**10**の解説も参照）。

② 真・善・美を追究し，自己の尊厳を自覚する人格主義を標榜した**阿部次郎**の説明。著者の分身である主人公の青田三太郎が，世界の諸思想や学芸の摂取を通じて，内省により自己確立を目指す**『三太郎の日記』**は，当時の学生の必読書であった。

④ 貧しい農民や労働者を救うためには，天皇と国民が直結する国家を建設し，富が平等に分配されるようにすべきだと主張した**超国家主義**者，**北一輝**の説明。主著**『日本改造法案大綱』**において，彼は，上述の主張の他に，後進国には先進資本主義国と戦争を冒してでも領土と資源の平等分配を求める権利があると主張している。二・二六事件鎮圧後，理論的指導者と目され，処刑された。

**14** 正解は ③

**岡倉天心**は，急激な西洋化がおこなわれた明治において，日本の伝統美術の優れた価値を認め，美術行政家，美術運動家として近代日本美術の発展に大きな功績を残した。著書**『東洋の理想』**において，**「アジアは一つ」と主張し，西洋に対抗するアジアの覚醒とアジアにおける日本の指導的役割を唱えた。**

**鈴木大拙**は，金沢出身の仏教思想家で，仏教，特**に禅の思想や日本文化の海外紹介に努めた人物**である。西田幾多郎とは生涯にわたる友人であった。著作**『日本的霊性』**において，彼は，日本人の真の宗教意識である日本的霊性は，鎌倉時代に禅と浄土系思想によって顕現し，その霊性的自覚が現在にまで及んでいると述べている。

**陸羯南**は，欧化主義に反対しつつも，偏狭な排外主義を避けて，ナショナリズムとデモクラシーの総合を目指す「**国民主義**」を掲げ，新聞『日本』を創刊した。

清沢満之は，浄土真宗大谷派の僧侶，宗教家である。近代的仏教信仰の確立を目指し，暁烏敏らと雑誌『精神界』を刊行して精神主義を提唱した。

> **Point** 明治維新以降の文明開化が極端な欧化主義に陥ってしまった状況に対し，日本の伝統文化を見直そうとする思想家たちが出てくる。西村茂樹や徳富蘇峰，三宅雪嶺や陸羯南，アジア主義を唱えた岡倉天心などである。抜けやすいのでしっかり確認しておこう。

**15** 正解は ④

**幸徳秋水**は明治時代の社会主義運動家。中江兆民に師事したが，兆民の晩年には，**自由民権思想から社会主義思想へ**とすすみ，社会民主党を創立。「平民新聞」で反戦論を展開した。1910年，明治天皇暗殺計画に関与したとの容疑で逮捕され，翌年処刑された（**大逆事件**）。主著『**二十世紀之怪物帝国主義**』では，「**いわゆる愛国心を経とし，いわゆる軍国主義を緯とする**」**という表現で，当時の日本の帝国主義を批判した**。

① **植木枝盛**についての記述。植木の私擬憲法は主権在民とともに抵抗権についても認める内容であった。

② **田中正造**についての記述。田中正造は，**足尾銅山鉱毒事件**で天皇直訴を試み，失敗するも，その問題解決に生涯をささげた人物。

③ **福沢諭吉**についての記述。福沢は，『**学問のすゝめ**』において「人間普通日用に近き実学」を重視し，東洋の学問に対して，実用的な西洋の近代科学を学ぶ必要性を説いた。

**16** 正解は ④

**ロマン主義**とは，従来の道徳や価値観に対抗し，**豊かな想像力により，内面的な自我や個性を自由に表現し，尊重しようとする文学運動のこと**。日本では森鷗外『舞姫』が先駆とされる。**北村透谷**，島崎藤村，**与謝野晶子**らがロマン主義に属する。

① 「旧来の道徳に真に従うために」は，ロマン主義の説明として誤り。

② 「新たな生活や社会制度のあり方を築くこと」をロマン主義が求めているとはいえないため，誤り。

③ 「現実をありのままに直視する」は自然主義についての記述であり，誤り。

> **Point** 近代日本の思想においては，近代的自我の確立という課題に取り組んだ詩人や小説家たちも重要である。頻出ではないが，島崎藤村は詩人としてはロマン主義だが，小説家としては『破戒』において自然主義文学の先駆者となるので注意が必要。

**17** 正解は ①

**北村透谷**は，明治時代の評論家・詩人である。日本のロマン主義は森鷗外からはじまり，雑誌『文学界』同人の島崎藤村・透谷らによって推進された。透谷は『文学界』で『人生に相渉るとは何の謂ぞ』，『**内部生命論**』などの評論を発表。自由民権運動の挫折を経て，文学によって自由民権の理想を達成しようとし，**「実世界」を批判し「想世界」を重視**する。主著『内部生命論』では肉体的な外部生命に対して，人間の根本となる精神的な**内部生命**の存在を主張した。また「恋愛は人世の秘鑰なり」とし恋愛を賛美する。しかし，そのあまりに理想主義的傾向により，彼は，理想と現実の狭間でしだいに疲弊し，ついには自殺へと追い込まれた。

② 「文学や芸術を想世界に閉じこもる行為であると批判」「自己の実現は，実世界における実践で確立されると訴えた」が誤り。**透谷は，「実世界」を批判し「想世界」における自由と幸福を重視し，「想世界」の自由と独立をもって「実世界」に対抗しようとした。**

③ 「自己へ至る方法として本能を重視」が誤り。透谷は，本能ではなく近代的自我の覚醒をうながした。

④ 「実践を通して，想世界と実世界は一致し，自己の独立が可能になる」が誤り。透谷は「実世界」と「想世界」を対置している。

**18** 正解は ②

**夏目漱石**は他者に迎合し，浮草のような生き方を他人本位として否定。**自己本位**とは『**私の個人主義**』において，「**自己の個性の發展を仕遂げやうと思ふならば，同時に他人の個性も尊重しなければならない**」と述べられているように，自己の自然的要求を安易に肯定することではなく，エゴイズムを超える倫理を追求するもの。

① 「人間はつくられている」が誤り。自己本位が万人の立場として採用されたときには，個人と個人の対立が起こることを漱石は指摘しており，**晩年の漱石は則天去私の主張に至る。**

③ 晩年の漱石が自己本位の個人主義を徹底した末にたどり着いた境地で，小さな私を去り，普遍的な大我（自然）の命ずるままに自分を任せるとい

う**則天去私**についての記述。

④「宇宙・自然を我が身で直接感受することによって」は誤り。漱石の自己本位は，徹底して自我の内面を追究することで，真の自我の確立をめざすもの。

**19** 正解は ②

**夏目漱石**は**『現代日本の開化』**で，内から自然に出て発展する内発的開化と外からの圧力により開化させられた外発的開化について，**西洋の開化を内発的開化，日本の開化を外発的開化とした。**

**20** 正解は ②

**石川啄木**は，『一握の砂』で知られる岩手県出身の歌人。**大逆事件に衝撃を受け，社会主義に接近して『時代閉塞の現状』を著し当時の国家の在り方を批判したが**，貧困の中で病んだ肺結核により，26歳で生涯を閉じた。

**森鷗外**は，公務では陸軍軍医総監という軍医としての最高位を極めたと同時に，夏目漱石と並び称せられる明治期を代表する作家でもある。近代的自我の確立に苦悩した彼は，個人と社会との矛盾・葛藤を，自己の置かれた立場を見つめて甘受するという「**諦念（レジグナチオン）**」によって克服しようとした。

志賀直哉は，人道主義・理想主義・個性尊重などを唱えた白樺派を代表する小説家の一人。

**21** 正解は ①

**吉野作造**（よしのさくぞう）の**民本主義**（みんぽん）とは，**天皇主権自体は否定せず，しかし，その主権を運用する際には，人民の幸福・福利をめざさなければならないとするもの**。デモクラシーの訳語ではあるが，**主権の所在の問題は取り扱わず**立憲君主制をとる日本の実情に即したものとされる。

②「主権者である天皇の権力を制限することが重要である」が誤り。民本主義は天皇主権を否定するものではない。

③「国民が政治的に中立の立場を貫くこと」は民本主義が求めることとは言えず誤り。

④「国民主権の確立こそが最初に達成すべき政治的な目標」は誤り。民本主義は主権の所在の問題は避け，主権の運用のみを論ずるものであり，天皇主権を否定するものではなかった。

> **Point** 大正デモクラシーの理論的支柱としては吉野作蔵の民本主義だけでなく，美濃部達吉の天皇機関説も押さえておこう。主権は国家にあり，天皇は国家の一機関に過ぎないという学説であるが，これは当時の天皇主権説に対抗する理論として主流となった。しかし昭和に入り軍部が台頭する中で排除されることになる（天皇機関説事件）。

**22** 正解は ④

大杉栄ではなく，**幸徳秋水**の説明である。幸徳は，日本で最初の社会主義政党である社会民主党を結成した主要メンバーの一人である。日露戦争に際して主戦論に転じた万朝報を退社した彼は，平民社を興し「平民新聞」を刊行して非戦論の論陣をはった（問題番号**15**の解説も参照）。

**大杉栄**は，東京外国語学校在学中から，平民社に出入りし，幸徳秋水らの影響により社会主義に感化された人物である。1912年，荒畑寒村と『近代思想』を創刊し，**無政府主義**を説き，その代表者と目されたため，関東大震災の混乱のなかで憲兵大尉甘粕正彦によって殺害された（甘粕事件）。

① 東京専門学校（早大）を卒業後，キリスト教に入信した**木下尚江**は，廃娼運動，足尾銅山鉱毒問題，普通選挙期成運動などに尽力した。1901年には幸徳秋水，片山潜，堺利彦らの社会民主党の結成に参加した。

② **河上肇**は，内村鑑三やトルストイの影響を受けた人道主義者であったが，次第に**マルクス主義に傾斜した経済学者**である。京大教授時代，**『貧乏物語』**を著し，貧困への対策の必要を説いた。しかし人道主義的立場では根本的な解決に至らないという考えに至り，日本共産党に入党し実践活動に従事した。

③ 石川啄木は，貧困と孤独にさいなまれながら，詩集『一握の砂』『悲しき玩具』で，短歌界に新風を吹き込んだ一方で，大逆事件を契機に社会主義への関心も深めていった（問題番号**20**の解説も参照）。

**23** 正解は ⑤

**ア**は，安部磯雄の説明。**イ**は，幸徳秋水の説明。**ウ**は，**平塚らいてう**の説明。

① 大杉栄は，幸徳秋水・堺利彦らの『平民新聞』に参加。無政府主義をとなえた社会運動家である。**景山（福田）英子は岸田俊子とともに自由民権運動に参加し，男女同権を主張した女性解放運動家。**

② 新渡戸稲造は，内村鑑三らとともに札幌農学校で学び，キリスト教と日本文化の融合につとめた

キリスト教思想家。堺利彦は，福岡県出身で幸徳秋水とともに『平民新聞』に参加した社会主義運動家。**市川房枝は，平塚らいてうらとともに新婦人協会を設立し，女性参政権獲得運動を展開した。**

③　植村正久は明治・大正期における日本プロテスタント教会の指導者。東京神学社を創立した。

> **Point**　自由民権運動に参加した，岸田俊子や福田英子，大正デモクラシー期の平塚らいてうや戦後も政治家として活躍した市川房江など女性活動家にも注目しておこう。

**24**　正解は ②

選択肢の文章の最後「駆けつけた甲斐があったと喜んだ」が誤り。**西田幾多郎**が主張する**純粋経験**とは，「直接経験と同一である。自己の意識状態を直下に経験したとき，いまだ主もなく客もない，知識とその対象とがまったく合一している。これが経験の最醇なるものである」としており，**主客未分の状態で，何かに没頭しているときの体験**を指す。具体的には「あたかもわれわれが美妙なる音楽に心を奪われ，物我相忘れ」る状態をいう。

①③④ は適切な事例といえる。

**25**　正解は ②

**西田幾多郎**は，**「純粋経験」を主客未分の具体的直接的経験とし，自己と対象の対立・分離以前の根本的な経験とする。そして，この「純粋経験」にこそ真の実在があると主張した。**西田は，主客の対立の根底にあるものを探求し，単なる有無をこえた**絶対無**の「場所」があるとする**場所の論理**を展開した。西田によれば，真実在は絶対無であり，現実の世界を成り立たせている。絶対無とは，西田が存在の原理とした概念のこと。相対的な有・無の対立を越えて，すべてのものの存在の根拠となる絶対的なものをいう。

①b　空は，ナーガールジュナ（竜樹）の用語。

③c　絶対他力は，親鸞が主張したもの。

④c　無我は，仏教においては固定的で永遠不変の実体（我）が存在しないことを意味する。

③⑤b　存在は，ハイデッガーが「現存在」「世界内存在」などの用語で使用している。

> **Point**　西田幾多郎の哲学は，同郷の鈴木大拙の影響で始めた坐禅で得た体験がベースになっていると言われている。純粋経験が成立する絶対無という場所の理論にたどり着いた西田は晩年，「絶対矛盾的自己同一」という言葉をよく使用していた。矛盾したものが同時に成立し一をなしている世界の在り様をあらわした概念であり，それはわれわれの自己の在り様でもある。少々難解であるが，用語として押さえておこう。

**26**　正解は ①

**和辻哲郎**（わつじてつろう）は，日本を代表する倫理学者。著作『倫理学』で「人間とは「世の中」であると共にその世の中における「人」である。だからそれは単なる「人」ではないとともにまた単なる「社会」でもない」とし，人間の「二重性格の弁証法的統一」を主張した。「社会を否定して個としての自己を自覚すること」および「自己を再び否定して，社会のために生きようとすること」が「二重性格の弁証法的統一」にあたる。人間とは「人と人との間柄」であると同時に，その間柄における我と汝でもある。「**間柄的存在**」とは西欧近代思想のように，独立した個人を出発点として人間関係や社会を捉えるのではなく，**人を他者や社会とのかかわりの中で捉えることである。**人間は，決して孤立した個人的存在ではない。同時に，倫理も単に個人だけの問題ではなく，かつ単に社会だけでの問題でもない。個人と社会との相互作用において成立するものであり，この作用がなくなると個人主義的な利己主義や，個々人を抑圧する全体主義を招くとした。

②「社会に背く個としての自己をひたすら否定して，社会に没入し，社会のあり方に従っていく」も誤り。

③「倫理とは，個人と社会とを同時に肯定し」が誤り。和辻は，個人としての自主的な自己を自覚するとともに，自己を否定して自己のいる社会をよりよくしようとすることを倫理の根本と主張した。

④「個人主義を徹底して，同じ個としての他者とのよりよい関係を築いていく運動」が誤り。和辻は「個人主義は，人間存在の一つの契機に過ぎない個人を取って人間全体に代わらせようとした。この抽象性があらゆる誤謬のもととなる」とする。また倫理学を「人間の学」ともしており，個人と社会を人間そのものの二つの側面として，倫理を単に個人だけの問題でも，社会だけの問題でもなく，その相互作用において成立するとした。

> **Point** 和辻哲郎の「間柄的存在」に関しては，『人間の学としての倫理学』という著書も押さえておこう。風土を三類型に区分した『風土』も和辻の著作である。

**27** 正解は ②

柳田国男の弟子にあたる**折口信夫**(おりくちしのぶ)は，沖縄採訪旅行で着想を得て，**「まれびと」**論を構築した。**まれびと（客人）とは，稀に訪れる人に由来する言葉で，この世とはまったく次元の違う異界（常世国）から，来訪する死者や精霊を指す。折口は，この来訪者を迎えるための儀礼が古代日本人の宗教の原型をなしたと考えた。**

① **柳宗悦**(やなぎむねよし)は，無名の職人が制作した日用生活用品に美を見いだす「**民芸運動**」を展開した。彼は，朝鮮陶芸の美も高く評価しており，日本民族の優秀性を説いたわけではない。

③ **柳田国男**は，江戸時代の日本人の精神構造を探究したのではなく，**昔話の伝承の担い手となった無名の一般民衆（常民）の生活や習俗を調査・研究して民俗学を確立した。**

④ **南方熊楠**(みなかたくまぐす)は，鎮守の森を守るために，神社の統廃合をはかった**神社合祀に反対**した日本最初のエコロジストとも呼ばれている。

**28** 正解は ④

**柳宗悦**は，名もない職人たちがつくった日常の実用雑器にこそ用と美が一致した至高の美が存在すると考え，これを民芸と名付け，その真相を究明するための**民芸運動**を主導した。朝鮮や沖縄，アイヌの工芸に着目し，紹介した功績も大きい。また，民芸を通じて，朝鮮半島の人々への理解を深め，日本の対朝鮮政策への批判を展開した人物でもある。

① 折口信夫についての記述である（問題番号**27**の解説も参照）。

② 沖縄学の創始者で「沖縄学の父」といわれる**伊波普猷**(いはふゆう)についての記述。伊波は，古歌謡「おもろ」を中心に，沖縄の古代史，古語，古俗を実証的に研究した。

③ **『「いき」の構造』**の著者である**九鬼周造**(くきしゅうぞう)についての記述。九鬼は，ヨーロッパ留学において体得した現象学的方法によって，日本の「いき」という民族的文化現象の構造を考察し，それが自然現象や芸術作品において，どのように表現されているかを分析した。

**29** 正解は ④

**武者小路実篤**は，個人主義とキリスト教を基調として人道主義の運動を展開した**白樺派**の一人。1918年，調和的な農業共同体「**新しき村**」を宮崎県に建設した。

① **『三太郎の日記』**を著した**阿部次郎**についての記述（問題番号**13**の解説も参照）。

② **『堕落論』**を著した**坂口安吾**(さかぐちあんご)についての記述。「堕ちる道を堕ちきることによって，自分自身を発見し，救わなければならない」とし，堕落してこそ真の自己を発見でき，新しい価値観の形成と幸福に繋がると主張した。

③ **批評を文学のジャンルとして確立した小林秀雄**についての記述（問題番号**30**の解説も参照）。

**30** 正解は ⑤

**ア** 政治学者の**丸山真男**は，論文「**超国家主義の論理と心理**」で「何となく何物かに押されつつ，ずるずると」開戦に至り，戦争をやめることができなかった戦前・戦中の日本社会に「**無責任の体系**」を見いだし，批判的な検討を加えるとともに，**近代的主体による民主的市民社会の形成を唱え，日本の戦後民主主義思想の展開に指導的役割を果たした。**

**イ** **小林秀雄**は，**『様々なる意匠』**において，明治以降の日本の思想や理論がそのときどきの意匠（趣向）として扱われていることを批判し，プロレタリア文学の観念性と新興芸術派の空疎さを鋭くつきながら，旧来の印象批評，実感批評を乗り越えて，自意識と存在の対決を軸とする**近代批評を確立**した。

**ウ** **吉本隆明**は，日本の戦後思想に大きな影響をあたえた思想家・評論家・詩人。文学や芸術だけでなく，政治，経済，国家，宗教，家族，大衆文化に至るまでを論じ，「戦後思想界の巨人」と呼ばれた。1968年，学生運動が最高潮に達した時期に出版され，多くの若者に影響を与えた**『共同幻想論』**において，吉本は**「共同幻想」としての国家成立の仕組みを解明**し，一人ひとりが国家にきちんと対峙して，自立的に生きていく方法を模索した。

**31** 正解は ④

**田中正造**は，足尾銅山鉱毒事件に際し農民の立場から公害反対運動をおこなった。天皇直訴を試み，失敗するも，問題解決に生涯をささげた人物。

① キリスト教社会主義者。労働組合期成会の創立に参加。幸徳秋水と社会民主党を結成した。

② キリスト教社会主義者。幸徳秋水とともに社会民主党を結成した人物。日露戦争に対しては，非戦論を展開した。

③ マルクス主義経済学者。著書に『貧乏物語』が

あり，貧乏の問題を20世紀の大問題とした。のちにマルクス主義経済学にすすんだ。

**32** 正解は③

**宮沢賢治**は詩人・童話作家。**法華経の思想を基盤とした独特な世界を創り上げた**。「世界がぜんたい幸福にならないうちは個人の幸福はありえない」とし，世界の幸福を個々の幸福とする世界を理想とする農業芸術を目指した。主著は『よだかの星』『銀河鉄道の夜』『注文の多い料理店』など。

① 「報恩感謝の念仏」とあることから，親鸞の説明とわかる。阿弥陀仏の救いへの感謝としての念仏。

② 「自由自在な無我の境地」とは道元の身心脱落（しんじんだつらく）の説明とも考えられる。

④ 「世間を捨て去って」「難行苦行」から上座部（小乗）仏教の教えの説明とわかる。

> **Point** 近現代の日本の思想は，覚えるべき人物が多いので，しっかりグループにわけて押さえていこう。西洋の文物を積極的に導入していくなかでキリスト教も定着し，またその流れに反発する国家主義者も登場してくる。近代的自我の確立という課題やその後の大正デモクラシーから昭和期の多様な思想家たちと，江戸時代という封建制度から近代国家へと転換し，二度の大戦経て現代の日本社会が形成されていく中で，先人たちが何を考えてきたのか，その意味を理解することで格段に覚えやすくなるはずである。

## 第16章 自然や科学技術にかかわる諸課題と倫理

**1** 正解は②

親の顔形や体質が子どもに伝わることを遺伝といい，遺伝を決定するものを遺伝子という。人のもつすべての遺伝情報（ヒトゲノム）の解析がすすみ，遺伝子診断によって特定の病気を診断することもできるようになった。また医学の進歩や技術の開発によって，胎児の健康状態だけでなく，異常の有無を**出生前に診断することができるようにもなった。その診断結果による中絶に対して，選択文の後段にあるように，命の選別ではないかという指摘がある。**

① **リヴィング・ウィル**は「生前の意思」ともいわれるもので，患者が将来，延命治療に関する自分の意向を表明できなくなったときのために，前もって自分の意向を表明したものである。それはあくまでも延命治療を求めるか否かの意思表示であり，致死薬を投与し安楽死を合法化するようなものではない。

③ **パターナリズム**とは，親が子どものために子どもの自由を制限するように，他人の自由に干渉することをいう。医療の場合には患者の利益になると医師が判断した治療をおこなうことであり，患者の意向が反映されない場合もある。よって選択文の記述の内容とは異なる。選択文の中にある「自分で決定」「患者の同意」から判断すると，**自己決定権**や**インフォームド・コンセント**の原則にむしろ近い。

④ **脳死**の問題が出てきたのはあくまでも臓器移植との関係からであり，選択文後段の「誰もがその判定の対象とされ」ることはない。**臓器移植法では臓器を提供する場合に限って，脳死を人の死とすることが認められている。**

> **Point** 医療技術の進歩は，人々の健康と福祉を向上させたが，一方でどこまで生命に人間の手をくわえてよいのかという倫理的な問題が生じてきた。「できるかできないか」ではなく，「やってもよいのかいけないのか」を考えるのが生命倫理，バイオエシックスの課題であり，われわれに直接かかわる身近な問題でもある。

**2** 正解は②

生殖技術や再生医療などの先端医療技術について，遺伝子，体外受精，出生前診断，iPS細胞といったキーワードに関する知識をもとに，正誤判断を求められる問題である。

②の**顕微授精**は，顕微鏡で拡大視しながら，受精の手助けを行う体外受精の方法のひとつであり，卵子を取り出し，生体外で行われる受精のこと。文

中の「女性の体内にある卵子に精子を直接注入する」という説明は誤り。「顕微授精」に関して知識を持ち合わせていなかったとしても，選択肢の記述について上記のキーワードに関する知識をもとに判断することができる。

① **ゲノム編集**とは，遺伝子の配列を自在に改変する技術であり，遺伝因子による疾病の治療への応用が期待されている。よって，文中の説明は正しい。

③ **出生前診断**は，出産までの間に胎児の異常や性別などを調べるために行われる検査のこと。健康な子どもや特定の性を望む人々に希望を与えるとともに，障がいを持つ子どもや望まない性の子どもを排除しようとする人間の倫理的な問題をはらんでいるため，文中の説明は正しい。

④ **iPS 細胞**は，体細胞に遺伝子を入れることによって作製された臓器等になることのできる万能細胞のこと。再生医療に新たな道を開くことになったが，遺伝子操作をともなうことから，生命操作への倫理的な課題がある。文中の説明は正しい。

**3** 正解は ④

人工授精や体外受精などの人間の生命の誕生に直接関与できるほど，生殖技術は進歩している。④にあるように，夫婦以外の第三者が関係して誕生する場合，親子関係が複雑になるという問題も発生している。

① **着床前診断**は，受精卵の段階で染色体や遺伝子を解析し，受精卵が子宮に着床して妊娠する前に，染色体や遺伝子に異常がないかどうかを調べる医療技術であり，「受精卵が胎児に成長した段階で」で行われるのではない。

② 受精卵の段階で遺伝子操作を行い，親が望む外見や体力・知力等を持たせるといった，親が特徴をデザインするようにして誕生させる子どもを「**デザイナー・ベビー**」とよぶ。この技術を遺伝子の異常による疾患を防ぐための治療として承認する事例はあるが，倫理的な問題も議論されており，**日本で法的に認められているわけではない。**

③ 体外受精した受精卵によって**代理出産**した場合には，選択文にあるような遺伝上の親子関係はない。

> **Point** 代理出産は，出産できない女性のために出産後に子を渡す約束で妊娠，出産することで，代理出産を引き受ける女性を代理母という。日本では基本的に禁止されているが，法整備がされておらず，海外で代理出産を行う例も増えており，国内でも可能にするか否かの議論になっている。

**4** 正解は ③

この問題は多能性幹細胞（ES 細胞，iPS 細胞）の利用に関する設問となっている。

③の後半は臓器移植に関する説明となっており，再生医療の説明としては適当でない。文章中の脳死，ドナー（臓器提供者）などから臓器移植に関する説明であることを読み取る必要がある。

① **幹細胞**（ES 細胞，iPS 細胞）の利用について，その研究の再生医療としての可能性が示されている。

② **ES 細胞**は，ヒトの受精卵が分裂し，分化を繰り返して胎児になるまでの間の胚（はい）（胚盤胞（はいばんほう））の内側にある細胞を取り出して作ることから，**生命倫理などにかかわる問題点が指摘されている。**

④ **幹細胞**（ES 細胞，iPS 細胞）の研究が進む中で，これらの細胞を培養することによって，様々な組織や臓器の細胞に分化する能力と，ほぼ無限に増殖する能力を持つことが明らかとなってきた。④では**生命の源である生殖細胞を人工的に作り出すことについて，その問題点が指摘されている。**

**5** 正解は ③

設問の中で「定義」が示されているように，**緩和（かんわ）ケア**（**緩和医療**）とは，病気そのものの治療ではなく，病気による苦痛等の症状の緩和や，精神的なケアなど，病気に付随するさまざまな問題への対応を支援することをさす考え方であり，③にある「身体的苦痛に集中して治療」というものではない。

> **Point** SOL（生命の神聖さ）は昔から医療における倫理として重視されてきたが，医療技術の進歩から特に末期医療においてQOL（生活の質，クオリティー・オブ・ライフ）の重要性が増してきた。過剰な延命措置を中止し，自然な死を迎える尊厳死もそういった考えのもと普及してきた。末期治療においてQOLを重視し，苦痛を取り除くことを中心とした治療を提供するホスピスも増えている。筋弛緩剤などを投与して積極的に死に至らしめる安楽死とは異なるのでしっかり区別しておこう。安楽死は日本では違法行為である。

**6** 正解は ⑦

**臓器移植法**は1997年に成立したが，ドナーカードでの本人の意思表示が必須であり，15歳未満の臓器提供はできないなどハードルも高く，2009年に改正され，要件が緩和された。**現在は本人の拒否の意思がなければ家族の同意のみで臓器提供が可能となっており，年齢制限も撤廃されている。**

**ア**は，本人の意思表示としては提供を希望しているが口頭のみであり，しかも15歳未満である。この点において改正前は移植できない。しかし**改正後は，両親からの申し出ということで家族の同意があり，年齢制限も解かれたので，提供が可能となる。**分類は**C**。

**イ**は，ドナーカードによる意思表示があり，年齢も15歳以上，そして両親の申し出もあり，改正前も後も提供が可能。分類は**A**。

**ウ**は，ドナーカードによって本人の意思としてあらかじめ拒否することが示されているので，改正前も後も認められない。分類は**B**。

**7** 正解は ④

アメリカの海洋生物学者**レイチェル＝カーソン**（1907～64）は『**沈黙の春**』の中で，DDTなどの**農薬が，自然の生態系や野生生物の間でさまざまな影響を及ぼしながら生態系を破壊し，最後はその影響が人間に戻ってくる**ということを，豊富な科学的データを用いて警告した。彼女の主張は，自然保護から公害対策も含んだ幅広い環境保護に転換する契機となった。

① 地球は無限ではなく有限な資源しかもたない「**宇宙船地球号**」であるとして，汚染と破壊を続けながら経済成長を無限に拡大していくことからの転換を説いたアメリカの経済学者**ボールディング**に関連している。

② **各人が自由に個人的利益を追求し続けると，その資源が社会的に最適な水準よりも過剰に使用されることを**「**共有地の悲劇**」と呼んだ生物学者のハーディンに関連している。これは「**コモンズの悲劇**」とも呼ばれるが，ここで共有地と訳されるコモンズは，私有化されていない地域社会の，共通基盤としての自然資源や自然環境を示している。

③ 世界大戦に直面し，機械文明における倫理的理想の喪失，退廃した文化の再建について思索する中で「生きんとする意志」をもつ生命を畏れ敬う心を自覚し，**生命への畏敬**を説いた**シュヴァイツァー**に関連している。

**8** 正解は ②

現在世代と将来世代とのあるべき関係をめぐる考え方として「**持続可能な開発（発展）**」と「**世代間倫理**」の意味について，その基本を理解しているかが問われている。

国際連合の「環境と開発に関する世界委員会」が1987年に発行した最終報告書『地球の未来を守るために』において，「**持続可能な開発**」の理念は「**将来の世代のニーズを満たす能力を損なうことなく，今日の世代のニーズを満たすような開発**」と説明されている。

① 上記の最終報告書の説明の通り，現在世代の欲求の充足をできるだけ抑制したり，将来にわたって高い経済成長率を確実に維持しようとするものではない。

③ 「**世代間倫理**」は「**現在を生きている世代は，未来を生きる世代の生存可能性に対して責任がある**」という考え方である。選択肢の文中に「両世代の人々は相互に責任と義務を負わなければならない」とあるが，この「世代間倫理」という考え方は，「相互に」ではなく現在世代が将来世代に対して責任と義務を負うという考え方である。

④ ③で説明した通り，現在世代が将来世代に対して責任を負うべきであるという考え方と一致していない。

> **Point** 環境倫理においては，ドイツの哲学者ハンス＝ヨナスが提唱した世代間倫理という考え方だけでなく，アメリカの思想家レオポルドの提唱した，動植物や土壌，水からなる生態系をひとまとめにして「土地」とよび，人間はその土地の一部に過ぎないという土地倫理という考え方，森林や生態系も含めた自然の権利が提唱されていること，なども押さえておこう。

**9** 正解は ②

「**循環型社会**」は大量生産・大量消費・大量廃棄の社会システムへの反省，使い捨て社会とその結果としての廃棄物問題の深刻化，最終処分場の不足やダイオキシン問題などを背景として強調された考え方である。また，**環境への負荷を低下させながら資源をいかに有効に利用して人間生活の豊かさをどのように向上させていくかについての考え方**でもある。

① 環境への影響を事前に調査し評価する取り組みは，**環境アセスメント**と呼ばれる。

③ いまの世代の満足ばかりではなく，将来の世代にもつなげていく発展や開発は「**持続可能な開発**」という考え方で示されている。

④ 「Think Globally, Act Locally（地球規模で考え，足元から行動せよ）」は環境保護活動のスローガンである。

**10 正解は①**

個人情報のデータ化による集積は，企業や公的機関での業務の効率化などの利便性をもたらす一方で，管理が難しく，ハッキングと呼ばれるコンピュータへの不正アクセスや，情報漏えいなどがしばしば起こっている。情報技術の発達にともなう社会の変化についての指摘として適当である。

② 情報公開制度が国や自治体で整備されているが，安全保障に関する情報や個人情報などは非公開とされているので，「あらゆる情報が市民に公開される」という部分は誤りである。

③ 違法な複製は現在でも可能であり，「知的所有（財産）権」の保護が課題となっている。またコンピュータ・ウィルスへの感染など，情報技術の発達による危険性も高まっている。

④ 前半は正しいが，**マスメディアによる情報操作の危険性は情報技術の発達に常に伴っている**。必要な情報を取捨選択したり，情報の真実性を批判的に吟味したりする**情報リテラシー**が求められている。

**11 正解は③**

③にある**「デジタル・デバイド」**は，「情報格差」を意味する。インターネットや各種情報機器が普及する情報社会にあって，個人の経験や能力的な差異，国や地域による経済格差などによって，それらの情報機器や技術を使いこなす能力に差異が生じて，利用できる人とそうでない人との間に格差が広がることを指している。また，「個々人が自ら主体的かつ批判的に判断し取捨選択する」ことを示す言葉としては「**メディア・リテラシー**」が適当である。

① 「**ステレオタイプ**」はアメリカの政治評論家**リップマン**が著書『世論』の中で用いた言葉で，ものの見方や考え方が紋切り型で固定され，一面的なパターンで事実を認識し理解してしまうとらえ方の危険性を示している。

② 「**ソーシャルメディア**」とは，インターネットを前提とした技術の進歩により，広く一般に普及した電子掲示板やブログなどをいい，**多くの個人や組織が参加し，双方向に知識や情報をやりとりするメディア**である。「旧来のメディア」としての新聞，テレビ，映画などとは区別され，発信される映像，音声，文字情報などのコンテンツ（情報の内容）を，私たちは一方的な受け手（消費者）として受信するばかりでなく，自ら送り手（生産者）として発信するようになった。「**情報のインタラクティブ（双方向的）な発信**」が特徴である。

④ インターネットの普及に伴う犯罪の増加は選択文の記述の通りである。「不正アクセス」「詐欺」などは犯罪であるが，このほかにも「ネチケット」と呼ばれるネットワーク上のマナーについて，その低下も指摘されている。

> **Point** 近年はSNSの普及により，デマの拡散や誹謗中傷も大きな問題になっている。またSNSが政治的に利用される事態も起きているなかで，情報リテラシーはもちろんのこと，ファクトチェックの重要性が高まっている。ファクトチェックとは，社会に広がっている情報やニュースなどの真実性，正確性を検証し発表する活動である。

**12 正解は①**

**ステレオタイプ**は，**ものの見方が固定的で，一つのパターンによって事実を認識したり，理解したりするとらえ方のこと**（問題番号**11**の解説も参照）。

① 「男性は」というように性別によって得意不得意や，好き嫌いを固定的に決めつける見方はまさにステレオタイプに当てはまる。

② 塩分の摂取量と生活習慣病としての高血圧傾向の因果関係については，医学的にも指摘されているもので，ステレオタイプとはいえない。

③ 選択文の文末の表現から，予測の話であることも理解できるが，現代においても，街灯などの明かりが消えた夜空であれば，輝く星が見やすくなることは事実としてもある。

④ 「気楽に声をかける」という実際の様子と，本人の発言にもとづく事実が述べられている。

**13 正解は③**

資料読み取り問題は，提示された資料が何についてグラフ化されたものであるかを過不足なく読み取ることが求められている。これまでの経験から判断できそうなことも，**資料から明確に読み取れない場合には適当とはいえない**。

③は，40歳以上のいずれの世代でも，４つの項目のうちアだけが50%以上であるから，この世代の「半数以上」が電子メールを利用していると言える。

① 「２番目に低い」と「３番目」についての記述は50歳代と60歳代で誤っている。「すべての世代で」という順位付けは適当ではない。また，この資料から「遊び・娯楽」とインターネットの利用についての関係を読み取ることはできない。

② **ア**と**エ**の数値の差は世代が高くなるにつれて大きくなるという記述は40歳代，50歳代の方が60歳代よりも大きく，適当ではない。

④ 30歳以上の各世代で**イ**と**ウ**の数値が**エ**の２倍以上という記述は，30歳代において誤り。また，

「芸術や社会の動向に注目する傾向」について，この資料から導き出すことはできない。

**14** 正解は ②

②は，アメリカのジャーナリストで政治評論家の**リップマン**が著書『世論』の中で「**ステレオタイプ**」という言葉を用いながら述べた考え方である（問題番号**11**，**12**も参照）。「世論が操作される危険がある」という指摘も，リップマンと結びつける根拠となっている。

① **ボードリヤール**はフランスの哲学者，思想家で1970年に『消費社会の神話と構造』を刊行し，**大量消費時代における「商品（モノ）」の価値は，「モノ」そのものの使用価値，つまり有用性の価値や生産に利用された労働の集約度（コスト）にあるのではなく，「商品」に付与された「記号」にあるとした**。例えば，ブランド品が高価であるのは，その商品を生産するのにコストがかかっているからでも，他の商品に比べて特別な機能があるからでもなく，その商品そのものの持つ特別な「記号」によるものであり，商品としての価値は，他の商品の持つ「記号」との差異によって生まれるのだとした。彼は著書の中で，「記号」という商品の価値が本来の使用価値や生産価値以上に効力を持つ社会を「消費社会」と呼んだ。

③ **ブーアスティン**は，アメリカの歴史学者で，スミソニアン博物館・国立アメリカ歴史博物館の館長やアメリカ連邦議会図書館長などを歴任した文明評論家。日本でも翻訳された『幻影の時代』で，**マスメディアによってニュースとして合成された出来事を「疑似イベント」と呼び，実際の出来事以上に「本当らしい」しかも劇的で理解しやすいように合成された新奇な出来事（「疑似イベント」）に現代人は支配されていると指摘した**。選択肢の前半はこの説明に合致するが，後半の「関心を持たなくなった」が誤り。

④ **マクルーハン**はカナダの英文学者，文明評論家。「**メディアはメッセージである**」との主張が有名である。メディアとは単なる「媒体」を表すものであるが，彼はそのメディアによる情報伝達の内容以上に，**メディアそれ自体が情報や命令のようなある種のメッセージをすでに含んでいるとした**。例えば，同じニュース内容でもメディアが新聞かTVかインターネットかによって，受け止められ方は違う。彼の主張は，メディアの変遷により「人間の感覚や想像力が貧困なものになっていく」ことではない。

**15** 正解は ②

問題の中で提示された文章は，**ジョージ＝オーウェル**の代表作『1984年』（1949年）の中の一節である。この文章では，**メディアを用いた世論操作，双方向通信による管理社会，思想統制などの危険性**が述べられている。なお，オーウェルは，「人間の自然な生き方」への強いあこがれをもち，自然な生き方こそが人間の品位，自由，正義という基本的なモラルを育むと考えていた。

① 「疑似イベント」に関する記述はない。

③ 「仮想現実」への言及はない。

④ オーウェルが述べているのは，ハッカーなど個人に対する個人情報漏洩ではなく，国家による個人情報の掌握や管理，さらにはそれにもとづく国家への完全な服従の危険性についてである。

**Point** 近年の情報通信技術（ICT）の発達は，15世紀末のヨーロッパでグーテンベルクが発明した活版印刷が世の中に与えたインパクトと比較して論じられるようになっている。ルネサンスや宗教改革の背景には，活版印刷による書物の普及があったわけである。ICTが世の中を大きく変えている現状において，高度情報化社会に関する問題も増えており，しっかり確認しておく必要がある。現在はコンピュータの発達，インターネットの普及といった情報社会のさらに先にある，AIの実用化を基盤としたSociety 5.0という新しい未来社会が提唱されている。

## 第17章 社会と文化にかかわる諸課題と倫理

**1** 正解は ③

各選択文で示されている用語の本来の意味から判断して，正解を消去法で導くこともできるが，③の内容自体から判断し，適当であるという正解を導くこともできる。家族の規模が縮小する中，家族の機能や役割を支える立法や行政の支援が求められている。

① 「**ステップ・ファミリー**」とは，子どもをもたない共働き夫婦ではなく，**夫婦の一方あるいは両方が，以前の配偶者との子どもを連れて再婚したことにより形成される家族のことであり，「継家族」ともいわれる。**

② 「**拡大家族**」とは，「拡張家族」ともいい，**子供たちが結婚後も親と同居する家族のこと**を指す。コミュニティなどの外部集団と繋がるものではない。

④ 「**ノーマライゼーション**」とは，**健常者も障がい者も，高齢者も若者もともに普通に生きていく社会を目指そうとするものであり**，男女の性別役割分担を特に見直そうとするものではない。

**2** 正解は ④

④について「賛成」と答えた人の割合は，30歳代は女性36.1%，男性45.1%でその差は9%であるが，50歳代は女性30.0%男性43.9%でその差は13.9%であり，提示されたグラフの中での差が最も大きい。

**3** 正解は ②

核家族は，夫婦や親子だけで構成される家族の形態。日本の核家族率は1920年に55%とすでに過半数を占めており，高度経済成長期の1960年代に急激に上昇し，1975年の約64%を頂点として，現在は約6割となっている。したがって②の「高度経済成長期以降の」は適当ではない。

① 漫画「サザエさん」の原作に描かれる家族構成が，時代設定とともに該当する。

③ 国勢調査によると，男性の未婚率は25～29歳で7割，30～34歳で5割弱に上る。1980年には，それぞれ55.2%と21.5%であったことを考えると，夫婦の形態が多様化し，結婚しない人が増えているという「晩婚化」「非婚化」は事実としてある。

④ パラサイトは「寄生虫」，シングルは「独身」という意味。選択文にあるような親と同居した未婚者は，「**パラサイト・シングル**」（山田昌弘氏によって提唱された造語・概念）とよばれている。

**4** 正解は ③

少子高齢化が進み，単身世帯が増加する中，家族のみの支えで高齢者を介護することは大きな負担となってきている。

① 「家族内での介護を支援」とあるが，家族の枠を超えて，市町村が主体となって，介護を必要とする人に，さまざまなサービスを提供する制度が**介護保険制度**であり，事実と異なる内容となっている。

② 「**育児・介護休業法**」は1995年に制定され，1999年4月から施行されている。**育児休業，介護休業を男女問わず申請により取得することができる**というもので，文中の「夫は仕事に専念し妻は育児や介護に専念したい」という家庭を支援するものではない。

④ 少子化が進み，単身世帯や子供のいない夫婦のみの世帯が増加した場合，世帯構成員自体の高齢化の進展とともに，高齢者が高齢者を介護するような事態も増え，高齢者を介護することすら負担となる事態が発生してくる。少子高齢化の問題は，時間の経過も考慮に入れながら，幅広い視点で考察し，その解決に向けて取り組む必要のある課題の一つである。

> **Point** 近年の日本社会では，加速している少子高齢化によって，家族のあり方，福祉のあり方，地域社会のあり方がかわっていくことを余儀なくされている。旧来からの男女の役割分担のような考え方も見直されてきており，共生社会にむけた法整備なども進んできている。1999年に制定された男女共同参画社会基本法などとともにダイバーシティ＆インクルージョンという考え方も普及してきている。ダイバーシティは多様性，インクルージョンは包摂を意味する言葉だが，誰もが生きやすい社会をつくるための努力がなされている。

**5** 正解は ②

イグナティエフはカナダの政治学者で，資料文として提示されている『ニーズ・オブ・ストレンジャーズ』において，人々の要求（ニーズ）が，西洋の歴史上でどのように表現されてきたかを思想史的に探究している。資料文から，「他者が何を必要とし，何を欠いているかは，個人のニーズの構成要素である」ことや，「政治に関わろうとする動機の最も深い源泉は，他の人たちのためにニーズを感じることができる」ことが読み取れ，これらの内容から②が該当する。

① 「人がもつニーズは，それぞれ異なっており，共通の要素をもたない」とは資料文に述べられていない。

③ 「他の人たちのためにニーズを感じることができる」とは逆のことを述べているので誤り。

④ 自分のニーズを犠牲にすることは資料文にはない。

**6** 正解は ③

寄付プランの選択とその納得度がAとBの二つの選択肢にCの選択肢が一つ増えることでどのように変わるのかが，実験のポイントとなっている。

③が誤り。「選択肢がAとBだけ」の場合人数の割合はA > Bであるが，納得度はA < Bである。「選択肢が一つ増え」てA～Cとなると，人数の割合はA < Bと逆転しているが，納得度はA < Bのままである。

① ③の前半と同様の内容である。

② 「A～Cから選択した場合」，一人あたりの寄付金額がもっとも高いプランであるCを選んだ人はおらず，人数の割合・納得度ともにA < Bとなっている。

④ 選択肢の数に関わらず納得度はA < Bとなっている。

**7** 正解は ③

設問の文中にあるように，**ユニバーサルデザイン**はバリアフリーを一歩進めた考え方である。障がい者と健常者の違いをある意味で前提としながら，障がい者と健常者との間の垣根を取り除こうとする**バリアフリー**に対して，**ユニバーサルデザインはすべての人が平等にそして自由に使えるような機器や製品，広くは都市空間の設計に至るまで幅広くその考え方にもとづくデザインを普及させようとするもの**である。この問題は，バリアフリーの考え方を一歩進めたこのユニバーサルデザインの考え方にあてはまらない選択肢を選ぶことを求めている。つまり，ユニバーサルデザインの考え方やその背景をしっかりと理解しているかを問う問題といえる。問題としての正解は③である。③は「慈善の観点から問題がある」という表現が，ユニバーサルデザインの考え方として適当でない。

① すべての人が平等にという考え方にもとづいて，高齢者や障がい者の利用を健常者と同様に想定すべきであることを「人権侵害の可能性」という強い表現を用いながら指摘している。

② 「専用の特別な改造ではなく」という点で利用者を限定することのないユニバーサルデザインの考え方と一致する。

④ 誰もが利用できる社会環境を初めからデザインし，広く社会参加を促し，すべての人にとって生活の可能性を広げることをユニバーサルデザインは提唱している。

**Point** 今後の日本社会を考えるうえで，アメリカの心理学者ギリガンが提唱しているケアの倫理を押さえておこう。福祉政策や経済政策を正義という観点から制度設計していくだけではなく，人間関係における思いやり（ケア）と責任の問題としてとらえ直していこうという視点である。

**8** 正解は ④

A **マルチカルチュラリズム**とは，多文化主義のことであり，民族と文化の多様性を尊重する考え方をさし，言語や習慣の違いを超えて共存を図ろうという考え方のこと。

B **ステレオタイプ**とは，観念やイメージの内容が極度に単純化される紋切り型なものの見方のことで，物事を決まりきった型でとらえることをさす。

C **エスノセントリズム**とは，自民族中心主義のことで，自分たちの文化の優秀さを誇示し，他民族の文化を劣っているとみなす考え方のこと。

**9** 正解は ④

**一つの国家ないし社会の中に，民族や文化の多様性を尊重し，共存を認め，そのための方策を積極的にすすめる考え方が多文化主義（マルチカルチュラリズム）**である。そのため，「異なる複数の文化が互いに関わり合うことなく」という部分が誤り。多文化主義は，異質な文化を背負う人々の**共生を目指す**ものである。

① **エスノセントリズム**（**自民族中心主義**）とは，自分たちの文化を優れたもの，絶対的なものとみなした上で，他民族の文化や価値観を判断しようとする見方や態度のことであり適当である。

② **文化相対主義**は，異文化を自分たちの基準で評価しないということであるので，文化相対主義が異文化理解を進める上で一定の役割を果たしうるというのは適当である。

③ **サイード**は，異文化理解を妨げるものを**オリエンタリズム**と呼び，歴史を通して西洋が東洋に対して優れているという自己理解を元にした偏見を批判したので適当である（問題番号**11**も参照）。

**10** 正解は ②

「**多文化主義**」は言語や習慣の違いをこえて，民族と文化の多様性を尊重しようとする考え方である。②の「それぞれの文化の差異を対話によって統合する」とは異なる考え方である。

① 「マイノリティ」つまり少数派を尊重することは多文化主義の考え方と一致する。

③ 「多様な宗教の違いを積極的に認め，互いに尊

重し合う」ことは，文化の中でも大きな位置を占める宗教についての扱いとして，多文化主義と一致するものである。

④　民族と文化の多様性を尊重し，各民族固有の価値を認め，その間に優劣を付けない立場は，選択文にあるような**「多極化の危険性」という課題も確かに抱えている。**

**11**　正解は ③

**サイード**はパレスチナ生まれのアメリカの文芸批評家である。引用文の「東洋人が東洋人として，ありのままに見られ，注目されることはまれであった」という記述が，③「東洋文化は西洋文化と対比して客観的に研究され」たというものと反しているので，誤り。

①②④ の記述は，**『オリエンタリズム』**で述べられている内容として正しい。「西洋が東洋に抱く異国趣味」は現在でも見られ，ハリウッド映画などに描かれる東洋はいかにもエキゾチックで，その特殊さ（後進性や神秘性）が現実以上に強調されているものがある。

**12**　正解は ④

**ステレオタイプ**とは，アメリカのリップマンによって用いられたもので，固定的・画一的な観念やイメージのこと。観念やイメージの内容が極度に単純化されながら，他方，情緒的な感情は強く盛り込まれているために，その観念やイメージの内容と対立するような事実的証拠を，冷静に受け入れることに抵抗を示しがちとなる。

①　**カウンター・カルチャー**とは，対抗文化，敵対的文化と呼ばれるもので，ある文化圏の支配的な文化に対して，異議を申し立てたり，対抗したり，反逆・破壊を試みたりして，異質な文化を創造しようとするもの。選択文の説明は，**カルチャーショック**を示している。

②　**ノーマライゼーション**とは，障がい者などが他の市民と対等な人権主体として認められ，平等に社会参加が可能となる社会をめざす思想のこと。選択文の内容にはあてはまらない。

③　**パターナリズム**とは，父親の子どもに対する保護と統制の関係の中に認められる支配のパターンのことで，選択文の内容にはあてはまらない。むしろ文化相対主義，多文化主義が相当する。

**Point**　国際化がより一層進展していく世界において，日本でも異文化との共生が求められている。特定の国の出身者，民族などに対する根拠のない誹謗中傷，侮辱的言説をヘイトスピーチというが，日本でもようやく 2016 年にヘイトスピーチ解消法が制定された。ただ罰則や禁止規定がなく実効性が懸念されている。

**13**　正解は ④

**カミュ**の著作を特徴づける概念は「**不条理**」というものである。この不条理とは，問題文の医師リウーに象徴されているような明晰な理性を保った存在が，理性にあわない不条理な世界に対峙したときに現れる不合理性のことである。**カミュの作品で表現される明晰な理性が不合理な運命に対して目をそむけず，批判的に見つめ続ける態度は，「反抗」と呼ばれる。**この問題文のパヌルー司祭の考えを批判した医師リウーの発言にその一端を見ることができる。

④ の「顔の見える隣人に寄り添うことなく，人類救済を語る人」とはまさに，「書斎の人」とも評されるパヌルー司祭のことである。「人類救済を語る」とは「悲惨の優れたゆえんを証明しようとする」ことをさし，「手当て」という「具体的対処を怠る」ものとして批判している。問題文中のパヌルー司祭と医師リウーによって象徴される事柄や表現を対峙させながら整理することが重要である。

①　「勝手な治療を行うのではないか」という指摘は問題文中にはない。

②　問題文の中で展開されている批判は，まずは「手当て」をするべきなのに「人間の健康」に向き合うのではなく，「人類の救済」などを大袈裟に語る司祭の有様に対する批判であり，「自己の健康を二の次にしてしまう」ということではない。

③　「宗教者」という表現でひとまとめにして批判しているが，問題文ではパヌルー司祭とは異なる存在として「田舎の司祭」をあげている。「書斎の人」としてのパヌルー司祭と区別して「教区の人々に接触して，臨終の人間の息の音を聞いたことのあるもの」としながら，その司祭ならば「私と同じように考え」ると表現している。すべての「宗教者」を批判しているわけではない。

**14**　正解は ④

**ア**：**ユネスコ（国連教育科学文化機関）憲章前文**の冒頭にある一文。

**イ**：1985 年，ナチスドイツの敗戦 40 周年に際し当時の西ドイツ大統領**ヴァイツゼッカー**がおこなった「荒れ野の 40 年」という演説の一部。

**ウ**：ドイツ出身のユダヤ人である政治思想家の**アーレント**が主著**『全体主義の起源』**において展開した理論。彼女自身も迫害から逃れるため，フランスを経てアメリカへ亡命した。

**エ**：「汝殺すなかれ」は，他者との関係・社会性を倫理の基礎に置き，「他者論」を展開したフランスの哲学者**レヴィナス**が主著『全体性と無限』の中で記しているもの。

**15** 正解は ①

「**女子（女性）差別撤廃条約**」は 1976 ～ 1985 年の国連婦人の 10 年の最中に採択された条約であるが，日本は最終年の 1985 年に批准している。この条約の批准に先立って日本では，1984 年に国籍法が父系血統主義から父母両系血統主義に改正され，**男女雇用機会均等法**が 1985 年に制定された。男女が対等な立場で協力し合う社会を築く取り組みは，その後も引き続き求められてきている。

② 「**児童の権利に関する条約（子どもの権利条約）**」は，すでに 1989 年の第 44 回国連総会において採択され，日本も 1994 年に批准している。

③ 災害復興支援などに貢献した NPO やボランティアは，民間の市民活動団体や各種のボランティア団体が主であり，「政府が主導する」というものではない。

④ 「**人間の安全保障**」は「すべての人々が，自由に，かつ尊厳を持って，貧困と絶望から解き放たれて生きる権利」を強調し，「すべての個人，特に脆弱な人々が，すべての権利を享受し，人間としての潜在力を十分に発展させるために，平等な機会を持ち，恐怖からの自由と欠乏からの自由を得る権利を有していること」を認め合うことを提唱している。選択文にある，「貧困や飢餓の解決よりも紛争の抑止と平和の維持を優先する」は，「人間の安全保障」を十分に示してはいない。

**16** 正解は ②

**アマルティア＝セン**の**『人間の安全保障』**の中に「人間の安全保障と基礎教育」という章がある。そこでは「人間の安全保障」として，基礎的な学校教育が課題の中心であり，読み書きや計算ができないことによる多大な不利益から，人間の「生活」や「生存」を守り維持しなければならないと述べられている。また具体的な取組として，基礎教育の普及があげられている。

① グローバル化を経済学者でもあるセンは否定していないが，多国籍企業に雇用を依存することやその流動化について，貧困や格差の拡大をもたらす問題点を指摘している。

③ 「人間の安全保障」は，従来の国家間の安全保障とは異なる考え方として提唱されたものである。国々が共同して相互に国家の安全を保障することには，あてはまらない。

④ 食糧不足は確かに地球的規模の重要な課題であるが，一方で，遺伝子組み換え食物の安全性についてもまた，課題として指摘されている。

**17** 正解は ②

**ア**に示されているような先進国と途上国の間の「経済格差」の問題を解決するために，様々な取り組みがなされてはいるが，残念ながら解決には至っていない。「構造的に加担している」という指摘は，大変厳しいものであるが，否定はできない。

**イ**に示されているように，いつの時代も社会的な弱者としての子どもに，様々なしわ寄せが押し付けられる。餓死，チャイルド･ソルジャー（少年兵），過酷な児童労働は，貧困や紛争によってもたらされる，人類の深刻な課題である。

**ウ**「**グリーン・コンシューマー**」は，環境を大切にする「緑の消費者」という意味であり，その運動は，商品の購入を通して，企業の環境への配慮を監視するというもの。文中にあるような，途上国からの要請によって行われるものではない。政府開発援助（ODA）などの取り組みの説明である。

# 第２編　公共（政治・経済）

## 第1章 日本国憲法の基本的性格

**1** 正解は ④

「修正されることなく」が誤り。生存権を規定した**第 25 条**や，戦争放棄・軍隊不保持を定めた第９条２項の「**前項の目的を達するため**」という文言は，帝国議会の審議において加えられたものである。

① **憲法問題調査委員会**は，幣原喜重郎（しではらきじゅうろう）内閣がGHQ から憲法改正の指令を受け，松本烝治（まつもとじょうじ）国務大臣を委員長として設置された。

② 憲法問題調査委員会が提出した改正案は天皇大権が温存されるなど消極的なものであったので，GHQ は**政治的実権なき天皇・戦争放棄・封建制度の撤廃**を原則とするマッカーサー草案を日本政府に突きつけ，これをもとに日本政府は改めて憲法案を作成した。

③ **女性参政権**は，終戦の年の **1945 年**に衆議院議員選挙法によって，日本国憲法制定に先立って認められた。

**2** 正解は ④

憲法第 96 条に従って憲法改正の手続きの流れを整理すると，**C**国会議員が改正原案を国会に提出→**A**各議院の総議員の３分の２以上の賛成で**国会が発議**→**D国民投票**により過半数の賛成で国民が承認→**B天皇**が国民の名で公布，という順になる。

**3** 正解は ③

日米防衛協力のための指針（**ガイドライン**）は，1978 年に策定された後も改定が重ねられており，**日米防衛協力体制は強化**されている。

① 朝鮮戦争勃発後の 1950 年にマッカーサーの指示により創設されたのは，自衛隊ではなく，その前身にあたる**警察予備隊**である。

② 国連平和維持活動（PKO）への自衛隊への派遣は，**PKO 協力法**（1992 年制定）で規定されている。テロ対策特別措置法は，2001 年にアメリカ同時多発テロが起きた後，アメリカの軍事活動に自衛隊が後方支援を行えるようにした法律。

④ 1951 年のサンフランシスコ平和条約と同時に締結されたのは，**日米安全保障条約**（安保条約）であり，日米相互協力及び安全保障条約（新安保条約）は 1960 年に締結された。

**4** 正解は ③

**砂川事件**では日米安全保障条約の合憲性が争われ，第一審は違憲としたが，最高裁は，**高度の政治性を有する統治行為は違憲立法審査の対象になじまない**とする，**統治行為論**に基づいて判断を保留した。

① **イラク復興支援特別措置法**に基づいて，2003 年にイラクに自衛隊が派遣されている。

② 1971 年に衆議院本会議で決議された**非核三原則**が，その後に放棄されたということはない。

④ 日本国憲法第 66 条２項には「内閣総理大臣その他の国務大臣は，文民でなければならない」とあり，防衛大臣も文民である必要がある（**文民統制**条項）

**5** 正解は ④

**国家安全保障会議**は，従来の安全保障会議に代わって 2013 年に設置された。内閣総理大臣を議長とし，「**日本版 NSC**」とも呼ばれる。

① **防衛装備移転三原則**は，2014 年に従来の武器輸出三原則に代わって閣議決定され，**一定の条件の下で武器の輸出が認められることになった。**

② 自衛隊の最高指揮監督権は，防衛大臣ではなく**内閣総理大臣**が握っている。

③ 2015 年成立の安全保障法制において**集団的自衛権**の行使が条件つきで認められた。

**6** 正解は ①

問題**4**で見たとおり，最高裁は**統治行為論**に基づいて日米安全保障条約に関する合憲・違憲の判断を下していない。

② 1960 年の安保改定は片務（へんむ）的であった旧安保条約を改めるものであったが，アメリカの世界戦略に巻き込まれる恐れがあるとして**安保闘争**が起こり，その後，衆議院で条約批准が強行採決されると，国民的な反対運動となった。

③ 現行の新安保条約では，**日米の共同防衛行動**が規定されている。

④ 日本は，本来は負担義務のない，在日米軍の駐留経費（基地従業員の人件費・施設の光熱費など）を負担しており，「**思いやり予算**」と呼ばれる。

**7** 正解は ①

湾岸戦争（1991）において，国際貢献のあり方が問題となったことから，翌 1992 年に **PKO 協力法**が制定され，**自衛隊の海外派遣が可能となった。**この法律に基づいて初めて派遣されたのが，**カンボジア PKO**（1994）である。

② **テロ対策特別措置法**（2001）は，アメリカの軍事活動に対する自衛隊の後方支援を認めたもの（問題**3**参照）であって，PKO としてではない。

③ イラク復興支援特別措置法（2003）は，戦闘終結後のイラクに自衛隊を派遣するために制定され

たものであって，PKO としてではない。

④ **海賊対処法**（2009）に基づいて，アフリカの**ソマリア沖**に自衛隊が派遣されたが，PKO としてではない。

**8** 正解は ③

**集団的自衛権**とは，自国と密接な関係にある他国が武力攻撃を受けた場合，自国への攻撃とみなして，共同で防衛活動を行う権利のこと。**NATO**（**北大西洋条約機構**）は，集団的自衛権に基づく地域的集団防衛体制である。

① 国連は，**集団安全保障**（武力攻撃を違法化し，これに違反した加盟国に対して全加盟国が一致して制裁を加えるとすることで，安全を保障するもの）に基づく国際平和機関である。**国連憲章において，自衛権は緊急の例外として認められているにすぎない**。よって「集団的自衛権に基づく」が誤り。

② ①と同様に「集団的自衛権に基づく」が誤り。なお，PKO は，国連憲章第 6 章（紛争の平和的解決）と第 7 章（平和に対する脅威，平和の破壊及び侵略行為に関する行動）の中間にあるものとして，**6 章半活動**と呼ばれることがある。

④ 日本政府が集団的自衛権の行使を認めたのは，2015 年の**安全保障法制**においてである。湾岸戦争後の掃海艇のペルシャ湾派遣（1991）は，あくまで国際貢献とされた。

> **Point** 集団安全保障と集団的自衛権の違いに注意しよう。

**9** 正解は ①

**公共の福祉**とは，**各人の間の人権の衝突を調整する原理のこと**で，国民の基本的人権を制約する唯一の要因である。ただし，思想・良心の自由など**精神的自由に対する安易な制約は許されない**と考えられている。

② 憲法第 29 条 3 項で「私有財産は，正当な補償の下に，これを公共の福祉のために用ひることができる」とされている。

③ **プログラム規定説**とは，生存権に関する憲法第 25 条の規定は，具体的な権利内容を定めたものではなく，政策的な努力目標（プログラム）を定めたにすぎないとする説のこと。**朝日訴訟・堀木訴訟**において，最高裁はプログラム規定説を採用し，原告の請求を却下した。

④ **職業選択の自由**などを規定した憲法第 22 条に，**営業の自由**に関する明文規定はないが，これに含まれると解釈されている。

**10** 正解は ⑥

A 国家から不当な干渉を受けない権利とは，**自由権**のこと。**ウ信教の自由**がこれに当たり，憲法でも特定の宗教に対する特権の付与などを禁止している（第 20 条）。

B 国家に対して積極的な行為を求める権利とは，**請求権**のこと。**イ国家賠償請求権**がこれに当たり，憲法第 17 条に明記されている。

C 国家に関する意思形成に参画する権利とは，**参政権**のこと。**ア選挙権**がこれに当たる。

**11** 正解は ②

**愛媛玉串料訴訟**において，最高裁は，県による玉串料の公金支出は憲法第 20 条・第 89 条の**政教分離違反**にあたると判決した（1997）。

① **三菱樹脂事件訴訟**において，最高裁は，思想・良心の自由を規定した憲法第 19 条は**私人間に適用されるものではなく**，それゆえ，思想・信条による採用拒否は違憲ではないと判決した（1973）。

③ マス・メディアの報道の自由も表現の自由に含まれる。

④ 最高裁はポポロ事件訴訟において，**学問の自由**は**大学の自治**によって保障されるとしている（1963）。

**12** 正解は ③

時効（**公訴時効**）とは，犯罪が行われてから一定の期間が経過した場合，犯人を処罰できなくなること。2010 年の刑法・刑事訴訟法の改正により，25 年とされていた**殺人罪の公訴時効が廃止**された。

① **取調べの可視化**（見える化）は実施されているが，憲法にそのような規定はない。

② 憲法第 38 条 2 項で，強制や拷問などによる**自白は証拠とすることができない**とされている。

④ 憲法第 33 条では，逮捕には**司法官憲**（**裁判所**）が発行する**令状**が必要であるとされているが，現行犯逮捕はその例外である。

**13** 正解は ④

女性を優先的に採用するというのは，社会的に不利益を被ってきた存在に対して優遇措置をとる，**アファーマティブ・アクション**の一例であり，「積極的な機会の提供を通じて，社会的な格差を是正しよう」という**実質的平等**の考えに沿ったものと言える。

① 男女同一賃金は，「すべての人々を一律，画一的に取り扱う」ことを求める，**形式的平等**の考えに基づくもの。

② 合否に性別を考慮しないのは，①と同様に形式的平等の考えに基づくもの。

③　男女の定年年齢に違いを付けることを禁止するのは，①と同様に形式的平等の考えに基づくもの。

**14**　正解は③

**堀木訴訟**において，最高裁は，**プログラム規定説**（問題**9**参照）を採用して上告を棄却した（1982）。

①　**法的権利説**とは，憲法第25条の生存権の規定は，個人に対する具体的な権利内容を定めたものであるとの考えのこと。プログラム規定説を採用した最高裁は，この説を採らなかった。

②　**朝日訴訟**において，最高裁はプログラム規定説の立場から違憲ではないと判断した（1967）。

④　**プログラム規定説**は，憲法第25条の規定を政策的な努力目標（プログラム）と捉えるものである。よって「法的な義務を課している」が誤り。

> Point　プログラム規定説は頻出の事項である。

**15**　正解は④

**公務員の不法行為に対する損害賠償請求権**は，憲法第17条で認められている。

①　経済産業省の外局として**特許庁**が置かれている。

②　**最高裁が環境権を認めていない**という記述は正しいが，それによって損害賠償請求が認められないということはない。

③　**情報公開法**は，行政文書の公開を通じて**公正で民主的な行政の推進**を図ることを目的としており，プライバシーの権利は関係ない。

**16**　正解は②

**障害者雇用促進法**では，民間企業に対しても法定雇用率を課している。しかし，達成していない企業が多い。

①　1997年に北海道旧土人保護法に代わって制定された**アイヌ文化振興法**では，アイヌの先住民族としての権利は明記されなかった。その後，2019年に制定された**アイヌ民族支援法**では，初めて**先住民族と明記**されたが，先住権が認められていないなど，不十分との批判も多い。

③　部落差別問題についての記述として正しい。

④　**人種差別撤廃条約**は1965年に国連総会で採択され，日本も1995年に批准している。

## 第2章　日本の政治機構と政治参加

**1**　正解は①

憲法第69条において，衆議院で内閣不信任決議案が可決された場合，内閣は**10日以内**に衆議院を解散するか，**総辞職**をすることとされている。

②　**公聴会**とは，予算などの重要案件について，利害関係者や学識経験者から意見を聴く場であり，国会法で開催が認められているが，義務ではない。

③　国会には**弾劾裁判所**の設置が認められているが，罷免されるのは国務大臣ではなく**裁判官**である（憲法第64条）。」

④　**憲法審査会**は，2007年，**国民投票法**の制定にともない，憲法改正や改正原案について審議を行う機関として設置された。「法律や命令が憲法に違反するかしないか」を判断するのは，**違憲審査権**を有する裁判所である。

**2**　正解は③

参議院が衆議院の可決した法律案を受け取った後，**60日以内**に議決をしない場合は，否決したものとみなされ，衆議院で**出席議院の3分の2以上**の特別多数決で再可決された場合，その法律案は成立する（憲法第59条）。よって「衆議院の議決が国会の議決となる」が誤り。

①　**法律案の発議**（法案の提出）には，予算を伴わない場合は衆議院で20人，参議院では10人以上の賛成が必要であり，少数政党にとっては法案提出権を得られるこの議席数が選挙における一つの目標となる。なお，予算を伴う場合は，衆議院は50人，参議院は20人必要である。

②　日本の国会は**委員会中心主義**をとっており，実質的な審議は委員会で行われる。

④　法律および政令には，**主任の国務大臣の署名と内閣総理大臣の連署**が必要とされる（憲法第74条）。

**3**　正解は①

1999年制定の**国会審議活性化法**により，国会の審議において大臣に代わって官僚が答弁する，**政府委員制度が廃止**された。

②　内閣総理大臣および国務大臣は，議院に出席して発言する**権利**があるとともに，議院から求められた場合は出席する**義務**があるとされている（憲法第63条）。

③　**国政調査権**についての記述である（憲法第62条）。

④　**衆議院の内閣不信任決議権**についての記述である（憲法第69条）。

**4** 正解は ④

衆議院の解散中に国会を開く緊急の必要が生じた際には，内閣の請求によって**参議院の緊急集会**が開かれる。

①② 憲法第7条に基づく解散である。「**7条解散**」と言われる。

③ 憲法第54条では，衆議院の解散から**40日以内**に総選挙を行い，その後**30日以内**に国会を召集しなければならないとされている。衆議院の解散総選挙後に開かれる国会を**特別会**（**特別国会**）と言い，内閣総理大臣の指名が行われる。

**5** 正解は ⑦

**ア** 閣議決定は**全会一致**を原則とする。異を唱える国務大臣がいる場合，首相はその国務大臣を罷免することもできる。

**イ** 内閣総理大臣は，閣議を主宰し，国務大臣の任免権を握るなど，「**内閣の首長**」という位置づけである。「同輩中の首席」は，明治憲法下の地位を示した言葉。

**ウ** 憲法第74条において，法律および政令には，**主任の国務大臣の署名と内閣総理大臣の連署**が必要であるとされている

**6** 正解は ③

**政府委員**とは，国会で大臣に代わって議案の説明や答弁をする各省の局長クラスの官僚のこと。1999年制定の**国会審議活性化法**により，官僚主導から政治主導への転換を図るため，**政府委員制度は廃止**され，大臣・副大臣・大臣政務官が答弁を行うようになった。官僚が政治家に代わって答弁していては，「官僚制への統制を強化する主張」とは言えない。なお，**テクノクラート**とは，専門的技術官僚のことである。

① **首相公選制**を導入して首相のリーダーシップを強化することは，官僚制への統制になる。

② 国会が，憲法第62条で認められた**国政調査権**を積極的に行使して行政各部のチェックを行うことは，官僚制への統制になる。

④ **情報公開制度**や**オンブズマン（オンブズ・パーソン）制度**を通じて国民が行政を直接監視することは，官僚制への統制につながる。なお，オンブズマン制度を設ける自治体は増加しているが，国にはまだない。

> **Point** 「官僚制への統制」という視点から各選択肢の正誤を判定しよう。③も内容的な誤りがあるというわけではない。

**7** 正解は ⑤

**A** **裁判の公開**は，憲法第82条で定められている。国民の監視下に置くことで**裁判の公正性**を保つもので，**ウ**が該当する。

**B** **裁判官の身分保障**は，憲法第78条で規定されている。行政機関からの不当な圧力を排除し，**司法権の独立**を守るためのものであり，**ア**が該当する。

**C** **三審制**は，第一審や第二審を不服とする場合に上訴することができる制度である。**慎重な審理**を目的とするものであり，**イ**が該当する。

**8** 正解は ③

**統治行為論**とは，**高度の政治性を有する行為は司法審査になじまないとする考え方**のことである。最高裁をはじめ裁判所は，自衛隊や日米安全保障条約について，たびたび統治行為論に基づいて憲法判断を保留している。

① **長沼ナイキ基地訴訟**で違憲判決を下したのは札幌地裁である（1973）。**最高裁が自衛隊に対して違憲判断を下したことはない**。

② 公務員の労働基本権は制約されているが，全逓名古屋中央郵便局事件（1977）において，**最高裁は国家公務員の争議行為の一律禁止を合憲と判断している**。

④ **付随的違憲審査制**とは，具体的な事件の解決にあたって必要な範囲内で法令の審査を行う制度であり，日本の司法はこれを採用している。これに対し，問題文で言う「具体的事件とは無関係に法令の合憲性を審査する制度」とは**抽象的違憲審査制**である。ドイツなどが採用している。

**9** 正解は ①

**日本司法支援センター**（**法テラス**）は，司法制度改革の一環として，弁護士などと接点のない一般市民が法的サービスを受けられるようにする目的で，2006年に各都道府県に設置された。

② **裁判員制度**では，有権者から選ばれた裁判員が**職業裁判官とともに，有罪・無罪の認定だけでなく，量刑の判断も行う**。

③ 法科大学院（ロースクール）は，法曹人口の増加を図るために設置された。よって「削減」は誤り。

④ **検察審査会**制度は，**検察が不起訴処分としたことの当否**を，一般市民から選ばれた検察審査員によって行う。よって「検察官が起訴したことの当否」が誤り。

**10** 正解は ①

憲法第92条で掲げられた**地方自治の本旨**とは，**団体自治**と**住民自治**の２つの原則であると解釈されている。

② 大日本帝国憲法に地方自治に関する規定はなかった。

③ 団体自治とは地方政治は国から独立した団体（自治体）によって行われるとする原則で，選択肢文は住民自治の説明になっている。

④ **三割自治**とは，**地方財源に占める自主財源（地方税）の割合が３割程度しかない状況**を表した言葉である。四割自治ということもある。

**11** 正解は ②

**首長が議会を解散**できるのは，**議会から不信任決議を受けた場合に限られる**。

① 直接請求権の一つで，有権者の**3分の1以上の署名**により議会の解散を請求することができる。

③ 有権者の**50分の1以上の署名**により，条例の制定・改廃を請求できるが，提案された条例案が議会で否決されることもある。

④ 首長には議会が議決した条例を拒否し，議会に再議を要求する権利（**再議権**）がある。再議により出席議員の**3分の2以上の賛成**があれば再可決される。

**12** 正解は ④

A 1999年制定の地方分権一括法によって，機関委任事務が廃止され，法定受託事務と自治事務の２本立てとなった。**自治事務**は**各自治体の判断で行うことができる**ものなので，団体事治の拡充に当たる。

B **法定外税**についての記述である。地方税法の定めにない税目の地方税のことで，1999年制定の地方分権一括法にともなう地方税法の改正により，従来からあった法定外普通税が国の許可制から事前協議制に変更されるとともに，法定外目的税が新設された。**自主財源を増やすものである**ので，団体事治の拡充に当たる

C **解職請求**（**リコール**）は**住民自治**に該当する。

**13** 正解は ③

1993年，宮沢喜一内閣の不信任決議を受けて行われた解散総選挙の結果，非自民８党派連立による**細川護熙（ほそかわもりひろ）内閣**が発足した。政治改革を掲げる細川内閣は，1994年，衆議院に**小選挙区比例代表並立制**を導入した。

① 55年体制において日本社会党が政権をとったことはなかった。

② 定数を３～５とする**中選挙区**では，**同一の政党から複数の候補者が立候補して争った**。これを改め，政党・政策中心の選挙にすべく導入されたのが，衆議院の**小選挙区比例代表並立制**である。

④ 非自民内閣の細川護熙内閣・羽田孜（はたつとむ）内閣がともに短命に終わった後，**自民党は連立を組むことで政権に復帰**した。現在も公明党と連立している。

**14** 正解は ③

**小選挙区制**では，１つの選挙区から１人しか当選しないので，**当選につながらない死票を生みやすい**。

① **比例代表制**では，小政党でも得票数に応じて議席を獲得できるので，死票が少なくなる。

② **比例代表**には**政党に所属していなければ立候補できない**。それゆえ，当然「政党に属さない者が議席を獲得しやすい」ということはない。

④ 仮に定数を100とすれば，小選挙区制では選挙区が100必要であるが，複数の議員を選出する大選挙区ならばそれよりも少なくなる。

**15** 正解は ③

**族議員**とは，**特定の分野に精通していて，その分野に関係の深い官庁の政策決定に強い影響力を持つ議員**のことである。よって，「特定の政策分野に限定することなく」が誤り。

① **圧力団体**（**利益集団**）についての説明として正しい。

② **世論調査**の結果を見て，政府が政策を決定したり変更したりすることもあるので，「国の政治に反映させる機能」という記述は適当である。

④ ②と同様に，大衆運動も政府の政策に影響を与えることがあるので，「国の政治に反映させる機能」という記述は適当である。

## 第3章 現代の経済社会

**1** 正解は①

ア **トレード・オフ**とは，**2つのものが同時には成り立たない関係**，つまり，片方を選択した場合，もう片方をあきらめざるを得ない関係を意味する。問題文の事例では，ある土地を駐車場として利用した場合，公園や宅地として利用できないので，トレード･オフの関係にあると言える。**ポリシー・ミックス**とは，ある目標を実現するために複数の政策を組み合わせることであり，文脈に合わない。

イ 問題文で，**機会費用**とは「ある選択肢を選んだとき，もし他の選択肢を選んでいたら得られたであろう利益のうち，最大のもの」であると説明されている。問題文の事例では，ある土地を駐車場として利用することを選択しているので，「他の選択肢」は公園と宅地である。また，「利用によって企業が得る利益は，駐車場が最も大きく，次いで公園，宅地の順である」という条件があるので，「他の選択肢」の公園と宅地のうち，利益が最大となるのは公園である。

**2** 正解は③

価格$P_2$では，需要が供給を上回る（需要量の方が供給量よりも多い）。そこで，超過需要を減少させるために，価格は上昇する。実際にグラフでも均衡価格は$P_2$よりも高い。このように，**市場では需要と供給の関係によって価格の自動調整作用が働く**。

① 価格$P_1$では需要が供給を下回っている。

② 超過供給を減少させるために価格は下落する。

④ 価格$P_2$では需要が供給を上回っている。

**3** 正解は④

**カルテル**（**企業連合**）とは，**同一産業における複数の企業が価格・生産量・販売地域について協定を結ぶこと**である。「同一産業内の企業合併」とは**トラスト**のことであり，説明が誤っている。

① 寡占市場では，価格支配力をもつ**プライス・リーダー**が現れ，**管理価格**を決定するため，市場メカニズムが働かなくなることがある。

② 寡占市場では管理価格により価格が下方に変化しにくくなる（**価格の下方硬直性**）。

③ 寡占市場では価格以外のデザインや広告などで**非価格競争**が行われる。

**4** 正解は④

利潤から株主への配当金を差し引いた残りを**内部留保**（内部資金）といい，事業拡大のため設備投資などに回すことができる。

① 「事業活動を支配することを目的として，他の株式会社の株式を保有する」会社を**持株会社**というが，1997年の**独占禁止法改正**によって戦後は禁止されていた**持株会社が解禁された**。

② 会社法では資本金の規制が撤廃された。つまり，最低資本金の額は定められておらず，**資本金1円でも起業できる**。

③ **コーポレート・ガバナンス**（**企業統治**）の観点からは，株主の利益が守られるように企業経営を行うことが求められる。よって「株主の権限の制約」は誤り。

**5** 正解は④

A **国民純生産**（**NNP**）は，**国民総生産**（**GNP**）から**固定資本減耗**を差し引くことで算出される。Bの国民総生産を先に算出することにして，520－100＝420であり，**イ**が該当する。

B **国民総生産**（**GNP**）は，**国内総生産**（**GDP**）に**海外からの純所得**を足すことで算出される。よって，500+20＝520であり，**ウ**が該当する。

C **国民所得**（**NI**）は，**国民純生産**（**NNP**）から「**間接税－補助金**」を差し引くことで算出される。国民所得はAで420と算出されているので，420－40＝380であり，**ア**が該当する。

> **Point** 国民所得を算出する際に，間接税を差し引くのは，税金の分が価格に上乗せされるからである。補助金を足すのは，その分だけ価格が値引きされるからである。

**6** 正解は①

**好況期**の説明として正しい。しかし，好況が永遠に続くわけではなく，②の景気後退期に向かう。

② 超過供給となれば，在庫は増加する（売れなくなって在庫が増える）。

③ 労働供給は労働者が労働を提供するもの，労働需要は企業が労働力を求めるものであることに注意しよう。**不況期**には，**労働供給が労働需要に対して過大となる**（つまり，労働者は仕事がほしいが，企業には与える仕事がない）。

④ **景気回復期**には，不況期に増加していた在庫が整理され，減少に向かうとともに，投資も拡大する。よって「投資が縮小する」は誤り。

**7** 正解は①

日本では長らく個人が投資を行うということがあまりなかったため，現在でも**家計における金融資産の5割近くは現金・預金**である。

② 直接金融と間接金融が逆。高度経済成長期には金融機関からの融資である**間接金融**が主であったが，最近は企業自身が株式・社債を発行して市場に売り出す**直接金融**が増えている。

③　**ノンバンク**は預金業務を行わない。
④　**信用創造**の説明として誤り。

**8**　正解は ③

2000年代前半の日本は，バブル景気が崩壊した1990年代に引き続き不況下にあった。日銀は，政策金利を0%に近づける**ゼロ金利政策**や，市中銀行が日銀に保有する当座預金の残高を増加させる**量的緩和政策**を行って，市中銀行に貸出しを促して，景気浮揚を図った。

①　**預金準備率**とは，市中銀行が保有する預金から中央銀行に再預金する割合である。預金準備率が引き上げられると，市中銀行はその分だけ中央銀行に預けなければならないので，貸し出せる資金量が減る。
②　**買いオペレーション**(**買いオペ**)とは，中央銀行が市中銀行から国債などを購入する金融政策である。その代金が市中銀行に支払われるので，市中に流通する通貨量(マネーストック)は増加する。
④　国債には**市中消化の原則**があり，**日銀は政府から国債を直接引き受けることはできない。**

**9**　正解は ⑥

A　**所得の再分配**とは，**累進課税**により高所得者に高い税率をかけ，低所得者に手厚い**社会保障給付**を行うなどして，**所得格差の是正を図る財政の働き**である。**ウ**が該当する。
B　**資源配分の調整**（**資源配分機能**）とは，民間に任せていては充足されない**公共財・サービス**を供給し，**社会資本の整備を図る財政の役割**である。**イ**が該当する。
C　**景気の安定化**（**景気調整機能**）とは，税制や歳出を用いて，好況時には増税などにより過熱を抑え，不況時には公共事業を拡大するなどして，**景気を調整する財政の役割**である。**ア**が該当する。

**10**　正解は ③

コロンビア大学教授のシャウプの提言（1949年）による税制改革（**シャウプ勧告**）が行われ，**直接税**（**所得税**）**中心主義**の方針が定まった。

①　**水平的公平**とは，所得が同じであれば税負担も同じであるという考え方。選択肢文は**垂直的公平**の説明になっている。
②　**国債費**とは，要するに借金を返すお金である。国債収入（借金したお金）の方が国債費よりも多ければ，借金は増え，基礎的財政収支（プライマリー・バランス）は赤字になる。
④　バブル崩壊期に重なる**1990～1993年度は，赤字国債の発行はしていない。**

## 第4章　経済活動のあり方と国民福祉

**1**　正解は ②

ア　**バブル景気**により，日経平均株価が過去最高の38,915円を記録したのは，1989年12月29日の大納会においてである。
イ　**世界金融危機**が生じたのは2008年である。日本のみならず各国の経済は大きな打撃を受けた。
ウ　バブル崩壊後，不良債権を抱えた金融機関の倒産が相次ぐなど長期不況に陥ったのは，1990年代であり，「**失われた10年**」とも呼ばれる。

**2**　正解は ②

「円安による輸出競争力の低下」が誤り。円安であれば商品が割安となり競争力は上昇するはずである。正しくは「円高による輸出競争力の低下」である。

①　国内需要が減少したり，大企業が生産拠点を海外に移したりすれば，下請けの受注数は減る。
③　**ベンチャー・ビジネス**についての正しい説明である。
④　**ニッチ産業**とは，需要が少ないため大企業が手を出しにくい，まさに「隙間産業」である。中小企業は小回りが利くのでそのような分野に進出しやすい。

**3**　正解は ⑤

ア　**コメの完全関税化**が実施されたのは，1999年である。**GATTのウルグアイラウンド**での最終合意を受け，1995年から開始された**ミニマム・アクセス**（最低輸入量）の段階的引き上げを経て，1999年に完全関税化に踏み切った。
イ　農家に対する戸別所得補償制度が導入されたのは，民主党政権下の2010年である。販売価格が生産費を下回る作物に対して差額を支給する制度で，自民党が政権に復帰した後も，経営所得安定対策として引き継がれている。
ウ　**新食糧法**が制定されたのは，1995年である。ミニマム・アクセスを開始するにあたって価格や流通に関する規制を緩和したもので，これにより**食糧管理制度は廃止**された。

**4**　正解は ②

A　**グリーン・ツーリズム**とは，都市住民が農山村に滞在し，農作業などを通じて現地住民と交流を図る活動である。**ア**が該当する。
B　**スローフード**とは，ハンバーガーなどのファストフードに対して，伝統的な食文化を見直し，地産地消などを通じて持続可能な食文化を育てる運動である。**ウ**が該当する。

C　**六次産業化**とは，**農産物の生産（第一次産業）だけでなく，加工（第二次産業）や販売（第三次産業）を組み合わせて地域ビジネスを展開することで**，1×2×3で六次という。**イ**が該当する。

**5**　正解は②

**環境アセスメント**（**環境影響評価**）とは，開発などの事業が環境に及ぼす影響を，事前に調査・予測するものである。よって「事後的に」が誤り。というよりも，事後では取り返しがつかない。

① **汚染者負担の原則**（**PPP**）の説明として正しい。なお，この考え方は，1972年にOECD（経済協力開発機構）が提唱したものである。

③ 1970年の国会は公害対策を中心に議論され，**公害国会**と呼ばれた。翌1971年には**環境庁**（2001年の中央省庁再編で**環境省**に）が発足している。

④ 高度経済成長期の前期は，水俣病などの**産業公害**が中心であったが，後期になると，都市化の進展に伴い，騒音や大気汚染などの**都市公害**が問題となった。

**6**　正解は④

「ポスト京都議定書」として結ばれた**パリ協定**（2015）では，**先進国だけでなく，発展途上国を含む全ての締約国に**，削減目標を5年ごとに国連に提出し，計画に基づいて対策を行うことを義務づけた。また，世界全体の目標として，産業革命前からの温度上昇を2度未満に抑えるということを掲げた。しかし，京都議定書のように，**各国に具体的な数値目標は課されなかった**。

① 1972年にストックホルムで開かれた，**国連人間環境会議**についての説明として正しい。

② **京都議定書**（1997）についての説明として正しい。1990年の排出量を基準に，2008～2012年の5年間で，EU15カ国（当時）が8％，アメリカが7％，日本が**6％**という温室効果ガス削減の数値目標が設定された。**ただし，アメリカは2001年に離脱している**。

③ **国連持続可能な開発会議**（**2012**）は，国連環境開発会議（地球サミット）から20年を記念して，リオデジャネイロで開かれた。会議では，環境保護と経済成長の両立を図る「**グリーン経済**」が重要であるとの認識で一致し，「我々が望む未来」と呼ばれる文書がまとめられた。

**7**　正解は③

**特定商取引法**は，2000年に訪問販売法を改正する形で制定され，原則として契約から8日間以内であれば，消費者は一定の条件のもとで契約を解除できるとする，**クーリング・オフ制度**が導入された。

① **食品安全委員会**は，2003年制定の**食品安全基本法**に基づいて設置された内閣府の機関であり，消費者基本法を根拠とはしていない。

② 改正貸金業法が2010年に施行され，多重債務の原因となっていたグレーゾーン金利が撤廃されるとともに，総借入れ額が年収の3分の1までに制限された。よって「総量規制が撤廃」は誤り。

④ 2000年に制定された**グリーン購入法**により，**環境への負荷の少ない製品を優先的に購入することが義務づけられた**のは，消費者ではなく**公的機関**である。

**8**　正解は③

A　**労働者派遣法**は，1985年に制定され，従来は禁止されていた派遣事業が認められた。当初は専門性の高い業種に限定されていたが，**2004年には製造業にも解禁された**。しかし，「派遣切り」などの問題が生じ，いくたびかの改正を経て，2015年には派遣期間が原則3年と定められた。**イ**が該当する。

B　**パートタイム労働法**は，正社員よりも労働時間が短いパートタイマーの増加を背景に，その労働条件の改善を目的に1993年に制定された。**ア**が該当する。

C　**高年齢者雇用安定法**は，**55歳以上**の高年齢者の安定した雇用や再就職を促進するために，1971年に制定された法律である。2012年の改正では，年金受給年齢の60歳から65歳への引き上げを背景に，事業者に希望者全員の65歳までの再任用・再雇用が義務づけられた。**ウ**が該当する。

**9**　正解は①

法律の内容まで詳しく知らなくとも，外国人の入国に関することが「国民保護法」という名称の法律で定められているとは考えられない。実際に，外国人の出入国は**出入国管理及び難民認定法**で規定されている。なお，国民保護法は，2004年に有事法制関連7法の一つとして制定されたものである。

② **外国人技能実習生制度**は，発展途上国の経済発展を担う人材の育成を目的に1993年に創設されたが，**労働力不足を補うための利用という実態が見られ**，賃金不払いなどが問題となっている。

③ カジノを含む**統合型リゾート**（**IR**）の建設を認めるIR推進法は，2016年に制定された。

④ 国内で労働力を確保することが困難な分野で，**一定の専門性や技能を有する外国人に在留資格を与える特定技能制度**が，2019年から始まった。

**10** 正解は ①

**公的扶助**は，貧困に陥った人に対して最低限度の生活を保障するものである。自然災害の被災者を対象とするものではない。

② **社会保険**には，**医療保険・年金保険・雇用保険・労災保険（労働者災害補償保険）・介護保険**の５種類がある。労働災害による負傷や疾病に対して給付を行うのは，労災保険である。なお，保険料はすべて事業主が負担する。

③ 社会福祉の説明として正しい。

④ 公衆衛生の説明として正しい。

**11** 正解は ⑤

**ア** 基礎年金にあたる**国民年金**の国庫負担割合は，2004年に３分の１から２分の１に引き上げられた。よって正しい。

**イ 日本の年金制度はその年に必要な年金給付金を現役世代の保険料などでまかなう賦課方式**をとっているため，少子高齢化が進めば現役世代の負担は大きくなる。そのため，厚生年金の保険料は2017年まで段階的に引上げられていた。よって「引き下げる」は誤り。

**ウ マクロ経済スライド（マクロスライド）**とは，年金を支える現役世代の減少や，平均余命の伸びによる給付総額の増加など，**そのときの社会情勢に応じて年金の給付水準を自動的に調整する仕組み**である。2004年に導入された。具体的には，年金額は賃金や物価の上昇に応じて増額されるが，現役世代の負担を考慮して，その増加率が賃金や物価の上昇率を超えないように調整する。例えば，物価が２％上昇したとしても，年金額は1.5％程度の増加にとどめるということである。

**12** 正解は ②

2005年から実施されている**ペイオフ**により，破綻した金融機関に預けていた預金は，**元本1,000万円と利子**しか保証されない。よって「全額払戻しを受けることができる」は誤り。

① 失業した場合に雇用保険から受け取ることのできる**失業給付**は，セーフティネット（社会的安全網）の一つである。

③ **介護保険制度**もセーフティネットの一つである。

④ 最低限度の生活を保障する**生活保護**も，セーフティネットの一つである。

**13** 正解は ①

**ア** 公平性を追求すれば，経済効率性が損なわれる。このように，**一方を取ればもう一方は失われ，２つのものが同時に成り立たない関係を，トレード・オフ**という。プライマリー・バランス（基礎的財政収支）とは財政の健全性を図る指標で，（歳入－公債金）－（歳出－国債費）で算出する。プラスなら借金が減り，マイナスなら借金が増える。

**イ 全国民に一律に一定額を給付する制度をベーシック・インカム**といい，近年注目が高まっている。ユニバーサル・デザインとは，障害の有無や身体能力の違いに関係なく，誰もが使いこなせる製品・施設の設計のこと。トイレの温水洗浄便座がその一例で，もともと障害者用に開発されたものだが，現在は健常者にも利用されている。

## 第5章 国際政治の動向と課題

**1** 正解は②

**領空**は**領土**と**領海**の上空であり，**排他的経済水域の上空は含まれない。**なお，領海は領土の沿岸の基線から**12海里**とされている。

① **主権国家体制**とは，**各国が互いに対等な立場で主権を認め合い，他国に対して干渉しない国際体制**のこと。**ウェストファリア条約**（1648）でヨーロッパにおける主権国家体制が確立した。

③ **集団安全保障**とは，武力攻撃を違法化し，これに**違反した加盟国に対して全加盟国が一致して制裁を加える**とすることで，安全を保障するものである。国際連盟・国際連合で採用された。

④ 国際法は，条約などで明文化された**成文国際法**と，慣習に基づく**慣習国際法**（国際慣習法）で構成される。

**2** 正解は②

近年では**FTA・EPA**の締結によって関税撤廃の動きが進んでいるが，**関税自主権**は慣習的に認められたものである。

① 国家間の長年の慣行が法として認められたのが**国際慣習法**である。

③ **国際慣習法は明文規定がない**ので（不文国際法ともいう），条約の形で成文化する，つまり，成文国際法とする動きが進んでいる。

④ **公海自由の原則**とは，公海はどこの国の主権的支配にも属さず，航海や漁業のために使用できるとする国際慣習法のことである。現在では**国連海洋法条約**（1982）で成文化されている。

**3** 正解は②

A 「初めての国際機構」とある**ア**が該当する。国際連盟では**集団安全保障**が採用された。

B **不戦条約**は1928年に締結され，国際紛争の解決の手段として戦争が否定された。戦争放棄を定めた**日本国憲法第9条**もその影響を受けている。**ウ**が該当する。

C **国連憲章**では，**イ**で言う「特別協定に基づいて創設される軍」，すなわち，**国連軍**の創設が規定されている。

**4** 正解は③

**国際司法裁判所**（**ICJ**）における裁判の開始には，紛争当事国双方の同意が必要とされる。

① 日本は，南極海における調査捕鯨に関してオーストラリアから中止を求める訴訟を起こされたことがある（2010）。

② **国際刑事裁判所**（**ICC**）は，**重大な非人道的行為を犯した個人を裁く常設裁判所**として，2003年に設置された。日本も2007年に加盟している。なお，アメリカ・中国・ロシアは加盟していない。

④ 国家間の紛争を裁判するのは国際司法裁判所である。

**5** 正解は②

**勢力均衡**（バランス・オブ・パワー）とは，**同盟国同士の力関係を均衡に保つことで平和を維持する**という安全保障の方法である。第一次世界大戦では勢力均衡が戦争を防げなかったため，国際連盟では集団安全保障が採用された。

① **集団安全保障**についての説明（問題**1**参照）。

③ 勢力均衡において国家の権限を分散させる方法は用いられない。

④ **核抑止力**による均衡，いわゆる「**核の傘**」についての説明。

**6** 正解は④

**国連軍**は国連憲章第43条に規定されているが，加盟国間の対立などから，**現在も創設されていない。**

① 「すべての理事国」が誤り。拒否権をもつのは常任理事国の5か国のみである。

② 安保理決議に基づく平和維持活動が実施されるまでの間，**侵略を受けた側が個別的自衛権・集団的自衛権を行使**することは，国連憲章第51条で緊急の例外として認められている。

③ **平和維持活動**（**PKO**）**への参加は加盟国の任意**である。よって「義務を負っている」が誤り。

**7** 正解は③

**マーシャル・プラン**とは，第二次世界大戦後の1947年にアメリカのマーシャル国務長官が発表した**欧州復興経済援助計画**のこと。国連が「米ソ間の緊張緩和」をめざしたものではない。

① アジア・アフリカや中南米の一部の国では，**東西両陣営のどちらにも属さない非同盟主義**の動きが見られた。1961年にはユーゴスラビアで非同盟諸国会議が開かれている。

② 東側諸国の集団安全保障が**ワルシャワ条約機構**であったが，冷戦の終結に伴い1991年に解体された。

④ 米ソ（ロ）間では，核軍縮に向けた取組みとして，**核兵器制限交渉**（**SALT**），続いて**核兵器削減交渉**（**START**）が行われた。

**8** 正解は③

**冷戦終結は1980年代末**（マルタ会談は1989年）である。ソ連によるキューバでのミサイル基地建設の動きと，アメリカの海上封鎖に端を発した**キュー**

**バ危機**は1962年であり，冷戦下の出来事である。
① 2003年に開始された**イラク戦争**に関する記述。
② 1991年に始まった**ソマリア内戦**と，翌1992年の多国籍軍による軍事介入についての説明。
④ 1999年に行われたNATO軍による**ユーゴスラビア空爆**についての記述。多民族国家であったユーゴスラビアは冷戦終結後に分裂し，1998年には**コソボ**自治州にセルビア治安部隊が介入してコソボ紛争が発生した。

**9** 正解は③
A **アフガニスタン**では，1979年にソ連による侵攻を受け，内戦が発生した。2001年にはアメリカ軍などの攻撃を受けてイスラーム原理主義の**タリバン政権**が崩壊している。よって**イ**が該当する。
B **東ティモール**は，1976年にインドネシアが軍事介入して一方的に併合を宣言したものの，1999年の住民投票をへて，2002年に東ティモール民主共和国として独立した。よって**ア**が該当する。
C **ルワンダ**では，多数派のフツ族と少数派のツチ族の対立から，1990年には内戦に発展，1994年にはツチ族に対する**集団虐殺**（**ジェノサイド**）が発生した。よって**ウ**が該当する。

**10** 正解は①
**東ティモール**や**南スーダン**のように，**国内の少数民族を排除しようとする動きから，分離独立が見られる。**
②「人種のるつぼ」と呼ばれるアメリカをはじめとして，**国民国家が単一の民族で構成されていることはまずない。**
③ **ナショナリズム**が19世紀の近代化の進行の中で衰退したということはない。むしろ，国民国家の形成とともに強化されたと言える。
④ アメリカでも，オリンピックなどの世界大会では人種や民族の違いを超えて代表選手を応援する。とりわけ，2001年の同時多発テロ以降にはナショナリズムが高揚した。

**11** 正解は②
1957年，岸信介内閣によって掲げられた外交三原則とは，③国連中心主義，④自由主義諸国との協調，①アジアの一員としての立場の堅持，からなる。これを知らなくても**「唯一の被爆国」としての立場と「核抑止体制を主導」とは明らかに矛盾しているので，**②を解答することは難しくないだろう。

> **Point** 共通テストではよく見られるので，たんに知識だけではなく，推論から正誤を判断するというトレーニングを積んでほしい。

## 第6章 国際経済の動向と課題

**1** 正解は②
ドイツの経済学者リストは，比較生産費説を論拠に自由貿易を主張するリカードに対し，後発国の立場から，**先進国と比べて生産性の劣る国内の幼稚産業を保護するために，保護貿易を行うべきであると主張した。**
①「寡占企業の利益を保護するため」が誤り。
③「経済ブロック化政策」が誤り。
④「報復的な関税政策」が誤り。

**2** 正解は①
**自国の通貨高を是正するために行う為替介入では，自国の通貨で外国の通貨を買う**ので，外貨準備高は増加する。
② **自国の通貨高**の状況では自国の製品が割高となるので，**輸出に不利**に働く。
③ **貿易収支が黒字**の場合，自国の製品の購入のため他国が自国の通貨を必要とするため，**通貨高**となる。
④ 自国への資本流入が他国への資本流出を上回っている場合，自国の通貨需要が高まるので，**通貨高**となる。

> **Point** 通貨高／通貨安は，その通貨に対する需要から判断することが肝心である。

**3** 正解は①
**海外での投資コストが低下すれば，海外での事業展開がしやすくなる（リスクが減る）**ので，拡大する。
② **円高**が進めば，**輸入品は割安**となるので，輸入は増加する。
③ たしかに円高が進めば輸出にかかるコストは低下するが，そのことと海外での事業展開とは関係がない。
④ **円高**が進めば，自国への投資コストは上昇するので，**海外からの投資は減少**する。

**4** 正解は②
**IMF協定**（**ブレトンウッズ協定**・1944）では，金1オンス＝35米ドルと定め，**米ドルを基軸通貨として，各国通貨との交換比率を固定**した。それゆえ，IMF体制（ブレトンウッズ体制）は「**金・ドル本位制**」とも呼ばれる。よって「すべての加盟国に自国通貨と金との交換を義務づけた」が誤り。
① 1930年代，各国は**世界恐慌**からの回復のため，自国通貨安に誘導して輸出の拡大を図った。
③ 1960年代後半には**ドル危機**が生じ，1971年に

はアメリカが**金・ドルの交換を停止**するに至った。

④　金・ドル交換停止を受け，1971 年には**スミソニアン協定**で固定相場制の維持を図ろうとしたものの，1973 年には変動相場制に移行し，1976 年の**キングストン協定**で追認された。1973 年には第一次石油危機が重なったこともあり，1975 年から**主要国首脳会議**（**サミット**）が開かれるようになった。また，財務相・中央銀行総裁会議としては，G5 によるプラザ合意（1985），G7 によるルーブル合意（1987）などがある。

**5**　正解は ①

**ブレトンウッズ体制**（**IMF 体制**）では，**金・ドル本位制**が採用され，各国通貨とドルとの為替相場が固定された。

②　1971 年の**スミソニアン協定**では，ドル切り下げにより固定相場制の維持が図られたが，1973 年には変動相場制に移行した。よって「長期的・安定的な固定相場制が実現」は誤り。

③　1976 年の**キングストン合意**では，金の公定価格が廃止されたというのは正しいが，それは変動相場制を追認するものであった。よって「固定相場制だけが各国の為替制度とされた」は誤り。

④　**変動相場制**は，その時々の通貨需要と供給により，各国の通貨どうしの平価（交換比率）が決まる仕組みである。よって「金と各国通貨価値との平価が決まる」は誤り。

> **Point**　金・ドル交換停止→スミソニアン協定→変動相場制移行→キングストン合意という流れを押さえよう。

**6**　正解は ②

1980 年代には**ブラジル**や**メキシコ**で累積債務問題が生じ，**リスケジューリング**の措置が取られた。

①　先進国との経済力の違いから，自由貿易体制では，モノカルチャー経済をとる発展途上国は不利になる。だからこそ，**フェアトレード**や**一般特恵関税**などを主張するのである。よって「交易条件が改善」は誤り。

③　**OECD**（**経済協力開発機構**）は，「先進国クラブ」と呼ばれるとおり，先進国の組織であり，発展途上国が主体ではない。

④　1974 年に開かれた**国連資源特別総会**では，資源ナショナリズムの立場から **NIEO**（**新国際経済秩序**）樹立宣言が採択され，天然資源に対する恒久主権が確認された。よって「資源ナショナリズム反対を決議」は誤り。

**7**　正解は ④

**WTO**（**世界貿易機関**）は，**ウルグアイラウンド**（1986 ～ 94）での合意に基づき，GATT（関税及び貿易に関する一般協定）を発展・改組する形で 1995 年に設立された。

①　GATT の基本原則は，**自由・無差別・多角**である。そして，多角主義に基づいて，ラウンド（多角的貿易交渉）が開催された。よって「二国間主義」が誤り。

②　**知的財産権**についても交渉が行われたのは，**ウルグアイラウンド**である。

③　**工業製品の関税**に関して一括引き下げ方式が初めて提案されたのは，**ケネディラウンド**（1964 ～ 67）である。平均 35% の引き下げで合意に達した。

**8**　正解は ②

**アジア通貨危機**の発生は 1997 年であり，**UNDP**（**国連開発計画**）が設立された 1966 年とは時期が異なる。

①　2008 年に発生した**リーマン・ショック**を受け，アメリカでは，銀行本体のデリバティブ取引の原則禁止，**ヘッジファンド**との関係制限など，銀行の高リスク投資を制限する法律が制定された。

③　**金融監督庁**は，バブル崩壊後に金融機関の破綻が相次いでいた 1998 年に，大蔵省（現財務省）の検査・監督部門を分離・独立させる形で発足した。現在は，大蔵省の金融企画局と統合され，**金融庁**となっている（2000 年発足）。

④　ヘッジファンドと呼ばれる機関投資家の組織が，短期的利益を求める投機的性格の強い投資活動を行っており，1997 年の**アジア通貨危機**は，ヘッジファンドがタイから資金を引き上げたことが原因となった。

**9**　正解は ⑧

**ア**　**イギリス**が 2 回目の国民投票で **EU 離脱**を決定したのは 2016 年である。その後，2020 年に正式に離脱した。

**イ**　**ギリシャ財政危機**が生じたのは，2009 年である。EU 圏にはすでに単一市場が形成されていたため，その影響は EU 全体に波及した。

**ウ**　単一通貨**ユーロ**の紙幣・硬貨の使用が開始されたのは，2002 年である。

**エ**　**ECB**（**欧州中央銀行**）が設立されたのは，1998 年である。

よって，**エ→ウ→イ→ア**の順となる。年号まで知らなくとも，**エ→ウ**の順は推理でき，**ア**が最も最近の出来事であるということがわかっていれば，

⑧を選択するのは難しくないだろう。

**10** 正解は④

**人間開発指数**（HDI）は，①**国連開発計画**（UNDP）が，1990年創刊の『人間開発報告書』で発表したものである。「**人間の安全保障**」を提唱したインド出身の経済学者アマルティア＝センによって考案された。②人間として必要な基本的ニーズを満たすため，各国の保健・教育・所得の水準を，③平均寿命・成人識字率・一人当たりGDPの指標により算出する。

④ **ミレニアム開発目標**（MDGs）は，2000年の国連ミレニアム宣言などに基づいて設定されたものであり，人間開発指数とは関係ない。なお，ミレニアム開発目標の後を受けて2015年に設定されたのが，**持続可能な開発目標**（SDGs）である。

**11** 正解は④

**ミレニアム開発目標**は，先進国が2015年までにGNI（国民総所得）比0.7％以上の額のODA（政府開発援助）を拠出するとの目標を定めていたが，2015年度で0.2％の日本をはじめ，**ほとんどの国が未達成**であった。

① 専門家派遣などの技術協力もODAに含まれる。

② ODAには無償援助のほかに借款によるものも多い。**日本のODAは円借款の比率が他国よりも高い**。

③ 日本のODAは，戦後賠償や距離的な近さからアジア向けが最大である。

**12** 正解は①

「特恵関税制度の撤廃」が誤り。1964年，**UNCTAD**（**国連貿易会議**）の第1回総会において，事務局長のプレビッシュは，**発展途上国の立場からGATTの自由貿易体制に異を唱え，一般特恵関税や一次産品の価格安定などを求めた**（**プレビッシュ報告**）。

② **フェアトレード**（**公正な貿易**）の説明として正しい。

③ **ミレニアム開発目標**（MDGs）の説明として正しい。

④ **マイクロクレジット**の説明として正しい。ノーベル平和賞を受賞したバングラデシュの**グラミン銀行**などが知られる。

# 第3編 パターン別問題演習

## 1 資料の読解練習問題

### a．読解力のみで解ける問題

**1** 正解は③

**ヴェイユ**(1909～43)は，急進的労働組合主義(サンディカリスム）の運動に参加したフランスの女性思想家。主著『重力と恩寵（おんちょう）』。提示された資料では，ヴェイユが「魂の糧」として「自由と服従」をあげていることが述べられている。**なぜ服従が魂の糧にあげられているのか**，を資料の中から読み解くことが要求されている問題である。ポイントは自由だけでは魂を病んでしまうとヴェイユが考えており，その理由が「他人から指導されたり，他人と協働したりする機会を奪われ」るからとしているところである。しかしただ他人の命令に服従するだけでなく**共有する目標に「己の良心に基づいて賛同できる」場合において魂の糧になる**，というところと合わせて考えれば，正解の③が選べるはずである。

①は「命令に忠実に従う」が誤り。

②は「嫌な命令」に「従う」が誤り。

④は「権力者の命令に素直に従えば」が誤り。

**2** 正解は④

**阿部次郎**（あべじろう）（1883～1959）は夏目漱石に師事した哲学者，評論家。彼の自己省察の記録『三太郎の日記』は，大正教養主義の代表作として，当時の若者たちによく読まれた。資料はまさにその『三太郎の日記』の「理想」に関する記述の部分であり，ここで阿部は「理想」が現実との関係で果たす役割を述べている。問題としては，引用文中の「理想が現実を浄化する」というフレーズが何を意味しているのか，を考えさせるものである。ポイントとしては，**理想が現実を変えていくものであるがゆえに理想と現実は矛盾し，現実と理想が一致することはない**（「常に現実と一歩の間隔を保って行く」），ということ。そして**理想は現実を否定するものであるが，しかしそれは「存在を絶滅する」ことではなく，「存在の意義を，存在の原理を更新することである」**としているところである。ここをしっかり読み取れれば，①は「現実を無条件に肯定する」が誤り，②は「現実と齟齬なく合致」が誤り，③は「現実そのものを消し去ろうとする」が誤りであることに気付けるだろう。

**3** 正解は①

**資料1**の『ソクラテスの弁明』はプラトンの対話篇の一つ。**資料2**の『友情について』はローマ時代のストア派の哲学者キケロの著作である。この問題は，引用されている文章と選択肢をきちんと照らし合わせていけば，正解を選ぶのはそれほど難しくはないであろう。**資料1**でソクラテスは，**知恵と真実，魂を配慮することよりも，金銭，名誉，地位ばかりに気を遣うことを恥だと述べている**。**資料2**でキケロは，**危機に陥った友人のためならば，「あまりに恥ずべきことが結果しない限り」多少「道を外れてでも」手助けすべきだ，と述べている**。

②はソクラテスに関しては合っているが，キケロの，友への手助けは「どのような場合でも行ってはならない」という部分が誤りである。

③はソクラテスが「評判や名誉の追求を重視」としている部分が誤り。キケロに関しては正しい。

④はソクラテス，キケロいずれも誤り。

> **Point** 知識がなくとも提示された資料から読み取ることで正解にたどり着ける問題は確実に正解したいところ。引用文の読解に悩んだ場合は選択肢の方にヒントがある場合も多いので，慌てずに丁寧に読み解いていこう。

**b．知識を基に読解する問題**

**1** 正解は③

**アウグスティヌス**は4～5世紀に**キリスト教カトリック教会の正統教義の確立に活躍した，最大の教父**である。彼の思想を踏まえて解く問題であるが，選択肢**b**の方が読解問題になっている。

まず選択肢**b**で①を消去しよう。引用文において，目に見えない友人の意志は「信じられるべき」と述べられている。選択肢**a**の**新プラトン主義**はプロティノスが創始した思想で，キリスト教の教義や中世ヨーロッパのスコラ学に大きな影響を与えており，アウグスティヌスも影響を受けているので，正しい。

②の選択肢**a**に出てくるマニ教はアウグスティヌスが若いころに傾倒していた思想である。彼はその後**マニ教から離れ，精神的な苦悩を経てキリスト教にたどり着いた**のである。したがってマニ教をキリスト教に「積極的に取り込んだ」は誤り。**『告白』**という彼の著書に関する知識がないと少々難しい。

④の選択肢**a**に関しては，**『神の国』**においてアウグスティヌスが，**教会は神の代理としてこの地の国に愛と平和の神の国を実現することをその使命としている**，と主張していることを知っていれば，消去できる。よって③が正解となる。

**2** 正解は①

佐藤直方は江戸時代の儒学者で山崎闇斎（やまざきあんさい）の弟子だったが，師の垂加神道（すいかしんとう）には批判的だった人物。**山崎闇斎**は江戸の儒学者であるが，神道に熱中し儒教と神道を合わせた**垂加神道**を提唱した人物であり，頻出である。この知識があれば，②は「復古神道」が誤りであることがわかる。③は「誠」「仁愛」を説いたのは儒学のなかでも古学（古義学）の伊藤仁斎（いとうじんさい）であることを知っていれば消去できる。④に関しては資料の「「義」とは外で，わが身より外のことに関わる徳目」とあることから誤りであることがわかる。よって正解は①となる。

**3** 正解は③

**テイラー**（1931～）は**共同体主義**（**コミュニタリアニズム**）を主導したカナダの政治哲学者。資料の読解から消去できるのは②のみである。「人間の精神のあり方は，共同体における個人の立ち位置とは無関係に決定される」が誤り。**共同体主義では，まさに自我は周囲との関係のなかで規定されるものだと主張され，ロールズなどの自由主義者たちが，社会から切り離された「個人」の自由を前提としていることを批判する**。共同体主義者（コミュニタリアン）の一人**サンデル**はこれを「**負荷なき自我**」と呼び批判している。このことを知っていれば③が正解であることがわかる。

①は「公正としての正義という普遍的原理に基づいて社会のルールを決めるべき」としたのが**ロールズ**で，『正義論』において，個人の基本的自由を前提とし，経済格差に関しては是正すべき（格差原理），と主張したことを知っていれば消去できる。**共同体主義**はこの立場を批判し，「普遍的原理に基づくルール」ではなく**所属する共同体の「共通善」を追求すること**を主張している。④に関しては「個人の自由を最大限に尊重し，国家の強制的な課税による福祉政策を批判する」のは**ノージック**などに代表される**自由至上主義**（**リバタリアニズム**）の主張であるので誤り。「個人の自由を最大限尊重」で共同体主義とは相容れない主張であることがわかるが，**共同体主義（コミュニタリアニズム）とリベラリズム，リバタリアニズムの区別がつくようにしておこう**。

> **Point** 何々の思想を踏まえて読み解くという問題形式が定着してきている。基本的には知識が問題を解くうえで重要となるが，引用されている文章によって消去できる選択肢もあり，考えるヒントも多々含まれているので丁寧に読んでから選択肢に取り掛かろう。

## 2 写真や絵を参考にした問題

**1** 正解は②

19世紀頃の人生の段階図，**資料X**，**Y**の絵からの読み取り問題である。③は「50歳以降」男性版では家族の人数は増えていないので誤り，④は「50歳以降」，「介護される様子が多く描かれている」のは**資料Y**の女性版であるので誤りであることはすぐにわかるだろう。次に選択肢①と②で比較した場合，①では「各段階で現代においても誰もが経験する普遍的な出来事が描かれている」とされているが，現代において通用するかは疑問であり，資料からも読み取れない。よって②が正解となる。

**2　正解は①**

提示された絵と生徒が作成したノートの記述を参考に解答する問題であるが，日本の仏教に関する知識が必要とされている。絵の中の「ひときわ大きな仏は，阿弥陀仏である」という「調べた結果」の（ｉ）が大きなヒントとなっている。**阿弥陀仏は浄土信仰において重視される仏で，念仏することで衆生を極楽浄土に往生させてくれる仏である**，ということを知っていれば選択肢の**a**から①と②に絞れる。ちなみに③と④の**a**にある**現世利益をもたらすことを重視したのは平安初期の密教**（真言宗，のち天台宗も）である。次に**b**であるが，**浄土信仰が流行した背景に末法思想があった**ことを思い出せれば①が選べるだろう。②と④の**b**は像法の世の説明である。ブッダの教えと修行と悟り（教・行・証）がそろって存在している時代が正法の世である。

**3　正解は①**

**図1～3**は坐禅修行をしている様子が描かれた絵だが，坐禅は禅宗に限られたものではなく，**古くからインドで行われてきた修行方法である**。坐禅修行においては「念仏を唱えることが重視され」ていないので，**b**の選択肢から②④⑥は消去できる。そこから考えるに**図1**の明恵（みょうえ）が専修念仏を特徴とする浄土宗ではないであろうことは推測ができ，⑤も消去できる。残った①と③の選択は難しく，**明恵が鎌倉時代の前期に華厳（けごん）宗を再興した人物**であることを知らなければ，坐禅修行を中心とした臨済（りんざい）宗の方を選択してしまうだろう。**華厳宗**は華厳経を中心とした仏教の一派で，中国で興り，奈良時代に日本に伝来し南都六宗（なんとろくしゅう）の一つとなっていた。

**4　問1　正解は①と④**

**古代の日本人は動植物だけでなく無生物も含めて霊魂を宿していると考え，神として祀るようになった**。ちなみに，和歌山県にある熊野那智大社の別宮である飛瀧神社の御神体は，那智の滝自体である。

② 「祀る神」「祀られる神」は，和辻哲郎が日本神話に登場する多数の神々を分類したもの。アマテラス大御神は「祀られる神」でありながら，高天原で神々を祀る儀式を取り仕切る「祀る神」としての性格をもつ。

③ 「被造物」は，ユダヤ教，キリスト教，イスラームで神により創造されたものを意味する。日本人は自然を神の被造物ではなく，「おのずから成った」ものと考えた。

**問2　正解は⑥**

会話文から，留学生は「いろいろな仏や菩薩」が信仰されていることに驚いていることがわかる。大乗仏教で菩薩を信仰することを知っていれば，留学生は大乗仏教ではなく，上座部仏教が広まった国の出身であることが判断できる。

ここまでで，選択肢は④，⑤，⑥に絞られる。次に，**上座部仏教はスリランカを経て東南アジアに広まった**ことを理解していれば，⑥のタイが正しいと判断できる。ちなみに，チベットやモンゴルで広まったチベット仏教は，７世紀から14世紀にかけてインドから直接仏教を取り入れたものであり，中国を経て日本に伝わった大乗仏教とは違うが，大乗仏教の一つとされる。

**問3　正解は②**

空欄に入る語は**曼荼羅**（まんだら）であり，これは**密教で重んじられ，大日如来を中心とした宇宙観を示す**。さまざまな如来，菩薩は大日如来の化身とされる。

① 臨終来迎とは，この世の命が尽きる瞬間に阿弥陀仏が浄土へ導いてくれるという浄土信仰に由来するもの。

③ 『山家学生式』は最澄（さいちょう）の著作。天台宗の僧侶の教育方針や修行規定などについて嵯峨（さが）天皇に上奏した。

④ 曼荼羅は空海（くうかい）が日本にもたらした真言密教で重んじられた。末法思想は，平安末期から鎌倉時代に広まった。

**問4　正解は③**

**資料X**から，特定の信仰とか信心とかをもつ人は３割程度だが，宗教的な心を大切だと思う人は2013年の時点でも66%いることがわかる。会話文に注目すると，留学生の［ e ］を含む発言の直後，先生は「若い人でもお正月に初詣に行ったり，お盆にお墓参りに行ったりするのは，そのいい例」と言っている。会話のつながりを考えて③が正答だと判断できる。

① **資料Y**より，人間の救いには，「ただ宗教の力だけ」が必要だとしている人の割合は，20代よりも60代，70代以上の方が多い。「ただ宗教の力だけ」が必要という人と，「科学の進歩と宗教

の力」が，助け合ってゆくことが必要という人を足した割合で見ても，20代よりも，40代，50代の方が多い。

② **資料Y**より，人間を救うことができるのは「科学の進歩以外にはない」とした人の割合で見ても，「科学の進歩以外にはない」という人，「科学の進歩と宗教の力」が助け合ってゆくことが必要という人を足した割合で見ても，「20代より70代の方が少ない」。読み取りとしては正しいが，これは先生の発言とつながらない。

④ **資料X**からは，特定の信仰をもっている人の中の宗教的な心を大切にしない人の割合については読み取れない。また，会話文の文脈にも合わない。

> **Point** 絵や写真など図のついている問題は，その図から読み取ることで解ける問題よりも，そこをヒントに知識と合わせて考えさせる問題になっていることが多いので気をつけよう。

## 3 先哲の思想を身近な事柄と関連付ける問題

### 1 正解は ④

**ルソー**の**『エミール』**は，青年期を「第二の誕生」と表現したことで有名な教育に関する著書である。ここで引用されている文章の中でルソーは「良心」に関する自説を述べているわけだが，ポイントは「良心は内気である」という出だしのフレーズでルソーが何を伝えようとしているのかをしっかり理解することである。「社会的通念」という「敵」に対して，われわれの良心がいかにか弱い存在であるか，良心の声を無視することの弊害，に警鐘を鳴らしているわけである。

①は，社会通念に反発して良心が「いっそう強くなっていく」が誤り。引用文中でルソーはわれわれの良心は「逃げ出すか，押し黙る」と指摘している。

②は，年長者の不正な命令に「従う人は誰もいない」となっているところが誤り。多くの人が良心を無視して従い，その結果良心を失ってしまうだろうことをルソーは警告しているのである。

③は，文中の「良心は社会的通念の産物であると一般に考えられているが，社会的通念こそ，むしろ，良心の最も残酷な敵なのである」というところから考えると，「良心を生み出した世の中のモラル」のところが誤りとなる。

### 2 正解は ③

この問題では，本居宣長（もとおりのりなが）の「真心（まごころ）」に関して理解しているかどうかを問うているわけだが，本居の「真心」が「よくも悪しくも生まれつきたるままの心」でありのままに生きることを主張し，自然な感情を肯定したものであることを理解していれば③が選べるであろう。

①は「善悪を考えて，道理に従って正しく行動」が誤り。本居は，ことさらに善悪を議論する「漢心（からごころ）」を儒教や仏教に感化された心，として真心に対比させ批判した。

②の「心の状態にかかわらず，自分の立場や役割をよく考えて」行動するのは儒教で強調される立場であろう。

④は，感情的であることを愚かと批判しているので，本居の立場とは異なり誤り。

### 3 正解は ②

**古義学**を提唱した**伊藤仁斎**の「仁」に関する理解を問う問題である。仁斎が，仁＝愛とし，その前提となる態度としての誠（誠実さ）を主張していたことと，下線部の「我よく人を愛すれば，人またよく我を愛す」を合わせて考えれば②が選べるだろう。

①は「礼儀により外面を整えることが大事」が誤り。

③は「欲望から完全に脱することよって可能」が誤り。

④は「道理と心を一体にする」が誤り。

仁斎の説く仁は，自分をいつわらず，他者をあざむかないこと（忠信）の実践によって実現するものである。

### 4 正解は ④

**アーレント**が**『人間の条件』**において提示した「労働」「仕事」「活動」の区別を理解しているかを問う問題であるが，ここでは問題文と引用文が考えるヒントとして提示されているので，しっかり読み解ければ正解にたどり着けるだろう。

①は，文化祭で衣装を作るという例であるが，これは人が物に働きかけており，問題文中の「物と人との間で成立する「労働」「仕事」」にあたるだろうと推測できる。ちなみに「労働」は生存のために必要なものであり，「仕事」は道具や作品をつくることにあたるので，この例は「仕事」である。

②の例は，寄付することに関してだが，「活動」は問題文中で「人と人とが直接関わり合う行為」と説明されているので誤りとなる。Rさんは飢餓に苦しむ人や支援している人と直接関わっていない。

③の例も②と同様，政治的行為ではあるが，直接人と関わっていないので誤りとなる。

アーレントは現代社会においては「労働」や「仕事」に人々が忙殺され，「活動」がないがしろにされていることを指摘し，政治が私的利益を獲得する手段となってしまっていることを批判している。政治は，人々が自由に話し合い，協力し合い，自己を表現する公共的な活動空間でなければならず，それこそが「活動」である。

**Point** 先哲の思想を身近な問題と関連付けるといった，表面的な暗記だけでは解けない問題になっているが，ヒントとなる原典資料もあるので丁寧に選択肢を吟味していけば対応できるだろう。様々な先哲の思想をある程度こなれた知識として定着させていき，自分なりに考えてみるという作業に慣れていこう。

## 4 最初の会話文と後の会話文とを照らし合わせて読解させる問題（趣旨選択問題）

**1** 正解は ④

大問の最初にある会話文と，小問で提示された図と会話文を総合して解答するという問題形式になっている。実験動物慰霊碑の石碑をめぐる二人の会話のなかで，犠牲者の歴史に関してのQの発言の一部が［ a ］になっているが，「［ a ］というPの立場を思い出した」ということであるから，Pの意見が入るわけである。選択肢をみたときに a の記述が，最初の会話文でのPとQの歴史記述に関する考え方になっていることに気付くことができればそれほど難しくないだろう。① と ② の a にある，歴史の書き方は様々だ，という立場がQ，③ と ④ の a にある，歴史記述の際には必ず書くべき事実があるはずだ，という立場がPである。そこから ①② は消去できる。［ b ］に関しては，自然の生存権の基礎にある考え方を選択する問題になっているので，「自然そのものにも価値があることを認める」という ④ が正解となる。③ の b にある「人間にとって有用な自然を優先」するという考え方は人間中心主義的であり，環境破壊を引き起こしてきた今までの考え方と変わらない。

**2** 正解は ④

これも大問の最初にある会話文と総合して解答する問題である。まず3種類の表記のある看板のイラストをみて，日本で暮らしている人たちと外国から来た人たちが共生していくための工夫なのだろうと推測できると思うが，会話文がその説明となっている。そして会話文中の［ a ］［ b ］［ c ］［ d ］4つの空欄に適した選択肢を選択するわけだが，選択肢**ア**～**エ**の記述を確認したときに，最初の会話文からアとウがRの発言，イとエがWの発言であることに気付こう。それが分かれば a と c がWの発言なので正解は ④ となる。

**3** 正解は ③

大問の最初にある会話文は，「未来世代に対する責任」に関して対立するJとKの議論となっており，未来世代への責任に懐疑的なJと擁護するKという図式である。そして新たに提示された資料をきっかけにJとKが改めて未来世代に対する責任について会話をするという形式になっている。［ a ］はKの発言であり，「授業前に私が言ったように」という記述から最初の会話文の内容から判断すればよいことがわかる。① と ② の a の記述には「未来世代の人の利害は現代世代の人の利害よりも重要」とあるが，Kはそのような発言はしていないので消去できる。③ と ④ の b の記述はJの発言であるが，④ の b には「私もKも」とあるが，Kは「未来の人々にとって何がよいのかなんて分からない」とは述べていないので正解は ③ となる。

**Point** 問題を解く際に，最初の会話文と最後の設問にある資料や選択肢の記述を照らし合わせてページを行ったり来たりしなければならないので，解くのに少々時間がかかる。最初の会話文での二人の意見の相違点や対立軸をしっかり読み取ることで，その後の会話文や学習ノート，資料なども理解しやすくなり時間も短縮できるだろう。実際に問題を解いて慣れておこう。

## 5 図，表の読み取り練習問題

**1** 正解は ④

記憶の定着の度合いに関する実験の内容を理解し，結果のデータをきちんと解釈できるかを問う問題となっている。［ a ］は，一週間後にどれくらい覚えているか（「思い出す自信」）を7点満点で数値化し，数値が高いほど自信がある，とされているところを確認できればA群の方が「高い」（A群 4.8，B群 4.0）と判断できるだろう。テスト結果の**図**に関しては，5分後のテスト結果と1週間後のテスト結果，A群のテスト結果とB群のテスト結果をあらわしているのがどこなのかを確認できれば［ b ］と［ c ］も埋まる。最後に［ d ］は，実験に参加した大学生たちの「思い出す自信」とテスト結果が異なっている（1週間後のテスト正答率A群 40，B群 61）ことを確認できれば「一致しない」が選べる。

**2** 正解は ①

1993年と2013年の国際貢献に対する意識調査の年代別の図から読み取れることに関する問題である。ただ［ a ］に関しては知識問題で，ODA が政府開発援助の略称であることを知っていれば正解が ① か ② に絞られる。［ b ］に関しては選択肢の記述と図を照らし合わせて確認していけば，② の

bは40歳代と50歳代では差が縮まっているので誤りとわかる。ちなみに③のbは正しいが④のbは誤り。

**3** 正解は②

自国の将来や社会についての意識調査に関する2つの図から正しい記述を選択する問題である。[ a ]は日本の若者の意識調査に関して，[ b ]は韓国の若者の意識調査に関してである。[ a ]の日本の調査結果に関する記述をみていくと，①③は，いずれの図でも他国に比べ「わからない」の回答が多いので正文。②は，悲観的（暗い・どちらかといえば暗い）48.7%，否定的（そう思わない・どちらかというとそう思わない）43.6%という数字は他国に比べて最も高いので正文であり，となると④は誤文となる楽観的（明るい・どちらかといえば明るい）は30.9%，肯定的（そう思う・どちらかといえばそう思う）42.3%，他国に比べ最も低い）。

[ b ]の韓国の調査結果に関して，①は**図2**で韓国は「そう思う」「どちらかといえばそう思う」を合わせると68.4%，イギリスは63.7%で韓国の方が高いので誤文，②は図から読み取れる通り，「自国の将来が明るいと思う人が少数派」だが「自分で問題を解決しようと思うか」に関して肯定的回答が多数派となっており，正文，③は「自国の将来が明るいと思うか」に関して韓国では肯定的な回答は少数派となっており誤文，④は正文。よって正解は②となる。

**4** 正解は②

提示された**資料**は，ステレオタイプがもたらす影響を調べる研究の一部ということだが，実験の内容が少々複雑になっており，それを理解し結果の図をきちんと読み取れるかが問われる問題となっている。ただ選択肢の記述と結果の図をきちんと照らし合わせていけば正解にたどり着くのはそれほど難しくはないであろう。①は右の図で反対者が男性の場合，討論前と後で自信が低下していることが確認できれば誤文だとわかる。②は正文。③は左の図で反対者が男性女性いずれであっても討論前と後では自信が高まっているので誤文。④は右の図だが，明らかに性別により討論前と後で結果が異なっている（反対者が男性の場合は自信は低下するが，女性の場合は高まっている）ので誤文。

**Point** こういった図やグラフの読み取り問題は，図やグラフと選択肢の記述を一つ一つ丁寧に照らし合わせていけば必ず正解にたどり着けるので，慌てずしっかりと正答したい。ただ時間がかかるので時間配分に気を付ける必要がある。苦手な人は，数をこなして問題に慣れれば時間も短縮できるようになるので積極的に練習してみよう。

## 6 論理的思考力を問う問題

**1** 正解は②

**帰納法**が，個々の経験的事実からそれらに共通する一般的法則を得る方法であること，**演繹法**が，論理的に正しく推論することによって正しい結論を導く方法であることをまずは確認しておこう。となると経験的事実（これまで発見されたどのカラスも黒い）から出発し，一般的法則（カラスは黒い）を導いている記述は②しかない。残りの①③④は経験とは無関係に，前提から論理的に真偽を決定できる演繹的推論の形式になっている。

① 「AならばB，Bではない。ゆえにAではない」という論理的に正しい推論となっている。

③ 「AならばB，Bである。ゆえにAである」これは論理的に正しくない。AではなくともBであることはあり得るからである（太郎がいなくても，花子が笑うことは可能）。

④ 「すべてのXはYである，ZはXである。ゆえにZはYである。」これは正しい論理的推論である。

**2** 正解は②

演繹法の例として正しい記述を選択する問題であるので，前問の解説を確認してほしい。②は「A（スネオが嘘つき）かB（ノビタが嘘つき），Bではない。ゆえにAである。」という正しい演繹的推論になっている。

①③は経験的事実から出発しているので帰納的。④は論理的な推論ではない。

**3** 正解は③

論理的な「推論」によって結論を導き出している記述を選ぶ問題。③は「AならばB，BならばC。ゆえにAならばC。」という正しい推論となっている。Aが「人間の経済活動」，Bが「大気中の温室効果ガス濃度の上昇」，Cが「地球温暖化」である。

① 論理的には「防犯カメラを増設」ならば「犯罪件数が減る」は言える（真）が，「防犯カメラを増設しない」ならば「犯罪件数が減らない」は言えない（偽）。防犯カメラ以外にも犯罪件数を減らすことは可能である。

② 少々言い換えると「イスラム教徒であれば豚肉を食べない，友達は豚肉を食べない。ゆえに友達はイスラム教徒である。」となる。これは論理的に誤った推論である。**「友達は豚肉を食べない」からと言って必ずしもイスラム教徒であるとは限らない。他の理由で豚肉を食べない可能性も考えられる。**

④ これも少々言い換えると「少子化が進むと生産年齢人口が減少する，生産年齢人口が減少すると経済成長率が低下する。」となる。ここから得られる論理的な結論は「少子化が進むと経済成長率が低下する。」であって，「少子化を止めれば経済成長率は上昇する。」とは言えない（偽）。少子化を止めても経済成長率が上昇しない可能性は考えられる。

> **Point** 論理学の基本的な知識として，ある命題に対して逆，裏，対偶があること，その真偽の関係，を知っていると，こういった問題への対応がしやすくなるので是非覚えておこう。
>
> 「AならばB」という命題に対して
> 逆→「BならばA」，
> 裏→「AでないならばBでない」，
> 対偶→「BでないならばAでない」
> となる。「AならばB」が真（正しい）であるとき，逆と裏は偽（正しくない）となり，対偶は真となるのである。
>
> つまり設問1の③と設問3の③は命題の逆であり，偽となるわけである。また設問3の①④は裏の関係になっているので偽となる。

**4** 正解は ③

正しい演繹的な推論となっているのは③である（設問**1**の解説，上の Point 参照）。

① は「雨が降れば中庭は濡れる」の**逆**（中庭が濡れていれば雨が降った）になっているので偽（正しい推論ではない）である。

② は経験的事実から結論を導き出しているので演繹法ではない（帰納的）。

④ は「雨が降れば中庭は濡れる」の**裏**（雨が降らなければ中庭は濡れない）になっているので偽である。

# 第4編 試作問題『公共，倫理』

## 第1問

### 問1 [ 1 ] 正解は ④

Y3の発言にある哲学者が**ドイツ観念論の始まりとなったカント**であることに気付いてほしい。行為の善さを結果ではなく，自らの意志で道徳的に行為しようとしたか否かという動機に求めた**義務論の代表的哲学者**である。行為の善さを結果に求める**結果論の代表的思想はベンサムに始まる功利主義**である。

**ア**は「実存は本質に先立つ」とした**サルトル**の思想。

**イ**はイデア論，哲人政治を説いた**プラトン**の思想。

**ウ**は普遍的なルール（正義）を求めるのではなく，各共同体内で共有される「共通善」を追求すべきことを主張した**共同体主義**（**コミュニタリアニズム**）の思想。代表的思想家はテイラー，サンデルなど。

**エ**は**カントの著作『永遠平和のために』**に関する記述。カントはここで，常備軍の撤廃，国際平和機関の設立，世界連邦の実現などを永遠平和のための条件として挙げている。

### 問2 [ 2 ] 正解は ⑤

多様性を尊重するために鉄道会社が取り組んできた改善・工夫として**ア**～**エ**が挙げられている。**ア**は多様な宗教，信仰への配慮，**イは性別役割分業に基づく男女差別の改善**，**ウは障がい者や高齢者などのためのバリアフリーの対策**，**エ**は日本で暮らす諸外国の人たちへの配慮であろう。ここからBは障害者差別解消法であるので，障がい者への配慮となっている**ウ**が，Cは男女雇用機会均等法であるから男女の雇用・労働環境における差別の是正ということで**イ**が当てはまると推測できる。

### 問3 [ 3 ] 正解は ①

**SDGs**は2015年に国連総会で採択された，貧困問題や環境問題などの課題への対策として，2016年から2030年の間に達成すべき17の目標を掲げた**「持続可能な開発目標」**のことである。

空欄**ア**は，イベント概要に「性にかかわらず，すべての人が様々な分野を通じて，**社会全体の創造性などに寄与できるようにする取り組み**」や「**各自で製作した様々な人形を自由においてもらう**」とあるので，「働きがいも経済成長も」が適当であろう。空欄**イ**は，イベント概要に「**妊娠中の人に特に重要な職場と家庭での分煙**」や「**若年層を喫煙の害から守る**」などとあるところから「すべての人に健康と福祉を」が適当であろう。

**問4　[ 4 ]　正解は ②**

民法が改正され，2022 年 4 月から成年年齢が 20 歳から 18 歳に変更となった。民法では，**成年年齢**とは「父母の親権に服さなく年齢」と「一人で契約をすることができる年齢」という意味であるとされている。したがって**ア**は正文であり，成年に達しないと一人で契約を交わすことはできないので**イ**も正文である。未成年が単独で交わした契約は後で取り消すことができる。

**ウ**に関しては，民法 90 条では「公の秩序又は善良の風俗に反する事項を目的とする法律行為は，無効とする。」と定められており，相手側の合意に関わらずその契約は無効であるので誤り。

> **Point** 大問 1 は公共分野からの出題である。東京オリンピック・パラリンピックや民法改正による成年年齢の引き下げなどの身近な話題を題材に，多様性であったり SDGs の取り組みなどの社会問題をテーマにした問題となっている。普段から興味をもってこういった情報に触れておく意識を持っておくとよいだろう。

## 第2問

**問1　[ 5 ]　正解は ②**

現在の日本社会で行われている出産・子育て支援策を，**アリストテレス**の正義の概念から考え直してみるといった文章になっている。ただ問題自体はアリストテレスの正義の区分，全体的正義と部分的正義，部分的正義はさらに配分的正義と調整的正義に分かれるが，それぞれの定義を押さえていれば正解できる問題となっている。[ A ]は直前に「各人の能力や功績に比例して」給与などが決められるとあるので**配分的正義**が，[ B ]には「法を守り，共同体の善を実現する」という形容句が直前にあるので**全体的正義**が入ることがわかる。調整的正義は法を平等に適用するなどして損得を調整することである。

**問2　[ 6 ]　正解は ⑥**

**図1**が現金給付と合計特殊出生率との相関関係，**図2**が現物給付と合計特殊出生率との相関関係，縦軸が合計特殊出生率，横軸が対 GDP 比となっている。

**ア**は「日本よりも合計特殊出生率が低いすべての国は，「現金給付」対 GDP 比が日本より低い」が誤り。図 1 において「現金給付」対 GDP 比が日本より高くても，合計特殊出生率が低い国があることを確認できる。

**イ**は「「現金給付」対 GDP 比と合計特殊出生率には強い相関がある」が誤り。注に「r は相関係数を示す」とあり，**図1**は r = 0.10，**図2**は r = 0.47 とあり，図 2 の方が相関が強いことがわかる。したがって現金給付よりも現物給付を充実すべきという主張になる。ただ**ウ**と**エ**で言われているように，現物給付がどのように合計特殊出生率の上昇につながるのかというところまではこの図だけではわからない。

**問3　[ 7 ]　正解は ③**

今後の日本の社会保障のあり方を，「高齢化率と社会保障の給付規模の国際比較」の図を参考に考えてみるという問題である。

[ A ]は，「他のいずれの国よりも急速に高齢化が進行した」とあるので，高齢化率をあらわしている**横軸を参考に日本**のことであるとわかる。

[ D ]は，「1990 年から 2010 年にかけて社会支出の対 GDP 比が大きく引き上げられた」とあるので**縦軸を参考にイギリス**であることがわかる。また「1990 年代にそれまでの政策からの転換を遂げた」という記述は，イギリスでは 80 年代，サッチャー政権のもとで「小さな政府」を目指す政策（サッチャリズム）が行われていたことを知っていればヒントとなるだろう。

[ B ]はアメリカ，[ C ]はドイツである。

基本的に各国とも高齢化の進行とともに社会支出の対 GDP 比が増加している。**ドイツ**はほぼ横ばいだが，すでに高齢化率の高い日本よりも社会支出の対 GDP 比は高水準となっている。ここから考えるに[ E ]は，社会支出の対 GDP 比割合をどうしていくべきなのかを述べている選択肢を選ぶべきであろう。高齢化率を大幅に抑制できる方法があればよいが，これは現実的には困難なので，消去法でも選べる。

**問4　[ 8 ]　正解は ④**

人口減少及び高齢化の進行に対して地域で取り得る施策を考える生徒たちの会話文を読み，その趣旨に合わせて空欄を埋める問題である。

[ A ]は，「効率の面からみると」という Z の発言に注目して**ア**と**イ**の選択肢を比較してみれば**ア**が適切であろう。**イ**の「ニーズの有無に関わらず大きな組織を複数作」るというのは明らかに非効率的である。

[ B ]は，Y の「地元にもメリットがある」という発言に関しては，**ウ**と**エ**のいずれの選択肢でも「新たな雇用の創出が期待できる」とあるので，もう一つの「効率的だ」という発言の方に注目しよう。であれば「無駄な経費を抑える」とある**エ**の方が適切であろう。

[ C ]は，W が，企業ではなく，利用者側が受けられるサービスの「公正さを確保」することに関して発言していることに注目すれば，選択肢**カ**が適切であろう。

Point

大問２も公共分野からの出題である。人口減少社会をテーマに会話，資料，図などを読み取り，考察する問題となっている。こういった会話や資料，図から読み取り考えさせるという問題は，今後さらに増えていくと予想されるので積極的に取り組んで慣れておこう。

また人口減少社会，少子高齢化の問題は今後一層日本社会で問題となっていく。生産年齢人口の減少は労働力不足が懸念され，国内需要の減少は経済規模の縮小を招くだろう。社会福祉と財源の問題や地方自治体の運営が困難になる地域が出てくるなど，今後も問題のテーマとなることが予想される。注目しておこう。

## 第３問

### 問１　9　正解は ③

「近代科学を支えた自然観」とは，ガリレイやデカルト，ニュートンらによって確立された**機械論的自然観**のことである。自然科学の発展とともに確立し，科学技術の発達に貢献したとされる。

① 「自然を，神の身体と考え」その「解明」を「慎むべき」が誤り。

② 自然の生成変化を一定の「目的」からとらえようとする自然観を**目的論的自然観**といい，アリストテレスやカントなどの説が代表的である。機械論的自然観とは対立する。

④ 「伝統的かつ宗教的な知見と照らし合わせる」ことで理解される自然観ではない。

### 問２　10　正解は ③

市民革命に影響を与えた思想はホッブズ，ロック，ルソーを代表とする**社会契約説**である。特にアメリカ独立戦争ではロックの，フランス革命ではルソーの影響が大きかった。

**ア**は自然状態を「万人の万人に対する闘争」と表現した**ホッブズ**の思想である。ホッブズは自己保存の欲求を満たす自由を自然権ととらえ，**各自が自己保存のための利己的な欲求を追求するため，悲惨な闘争状態になると考えた**のである。したがって**イ**の「思いやりによって補正されている」は誤り。

**ウは自然権を生命・自由・財産への所有権ととらえたロック**の思想。すべて人は自分の身体に対する所有権をもっており，その身体の労働を自然に混合・付加することによって所有権は生じるとロックは説明している。しかしそれは，**自然の恵みが他人にも十分に残されている場合に限る**，と条件付きであったことも押さえておこう。

**エ**は**王権神授説**に関する記述で，イギリスのフィルマーやフランスのボシュエらが代表的論者である。

**オ**は**ロック**の思想。**自然権をよりよく守るためにわれわれの自然権の一部を政府に信託するという社会契約**を唱えた。

**カ**は**社会契約説を批判した**イギリス経験論の哲学者**ヒューム**や古典派経済学の祖となった**アダム＝スミス**の考えに近い。

### 問３　11　正解は ②

科学がいずれあらゆる問題を解決してくれるとする**科学万能主義**的な考えに疑問を感じた生徒Ｃが，ヘーゲルの思想を例に皆に問いかけている文章である。**ヘーゲルの弁証法や人倫の三段階の思想**を押さえていれば正解できる問題となっている。ヘーゲルのいう**人倫**とは，具体的だが主観的な道徳と抽象的だが客観的な法が統一されたものであり，**精神の自由の理念が社会のうちに具体化したもの**である。それは家族の共同性と市民社会の個人の独立が止揚（アウフヘーベン）された国家において完成するとヘーゲルは主張し，**人倫の完成形態としての国家**のあり方を提示した。［ウ］は少々悩むかもしれないが，［ア］の「自由」と［イ］の「国家」がわかれば ② を選択できるようになっている。ただ「止揚」が弁証法における正（テーゼ）と反（アンチテーゼ）の矛盾・対立を統一する**アウフヘーベン**を意味する用語であることを知っていれば，消去法で「労働」を選択できるだろう。

### 問４　12　正解は ③

古代ギリシアにおいて，**万物の根源アルケーを探究した自然哲学者**に関する問題である。① は**タレス**，② は**ヘラクレイトス**，④ は**ピタゴラス**の説明として正文であるので，消去法で ③ を選択できる。③ は古代中国の諸子百家のうち，道家を代表する荘子の「万物斉同（ばんぶつせいどう）」を参考にした記述であろう。

### 問５　13　正解は ②

**ア**は**古代インドのバラモン教において発展したウパニシャッド哲学の梵我一如（ぼんがいちにょ）**に関する記述である。「宇宙の根本の原理」はブラフマン，「個々の人間の根本にある実体」はアートマンを指している。

**イ**はイスラエル民族のあいだで確立した**ユダヤ教**の選民思想，律法主義に関する記述である。

**ウ**は古代中国で発展した**陰陽説**に関する記述である。易の思想として五行説と合わさり陰陽五行説に発展し日本にも伝わった。

**エ**は**古代インドで創始されたジャイナ教**に関する記述である。ジャイナ教では解脱（げだつ）に至る修行として苦行と不殺生（ふせっしょう）が重視されている。

**オ**はアラブ中東地域で広まった**イスラーム**に関す

る記述である。「六つの信仰対象」とはイスラム教徒が信じるべき**六信**（アッラー・天使・聖典・預言者・来世・天命）のことで，実践すべき宗教的義務である**五行**（信仰告白・礼拝・断食（だんじき）・喜捨（きしゃ）・巡礼（じゅんれい））と合わせて六信五行と併称される。

**問6**　14　正解は ③

選択肢 ①～④ の記述はそれぞれ正しいものになっているので，**資料にある文章がどのような思想を表現しているのかを読み解く必要がある。**

順番にヒントとなる部分を確認してみると，「この身体は泡のようなもの」「蜃気楼のようなはかない本性」，「世の中は」「泡」「蜃気楼」といった固定した実体を否定するようなフレーズ，「心がそれに執着している人を，死はさらって行く」など，**縁起，諸法無我，四諦などの仏教の教え**が読み取れるだろう。したがってゴータマ・シッダッタの説明である ③ が正解となる。

> **Point**　古代の思想に関しては，問題数自体は減ってきているような印象を受けるが，必ず出題されるだけでなく，ほかの範囲の問題の選択肢に紛れ込んでいたり，考えさせる問題などにおいて，知識があることを前提とした問題作りをしたりしているので，油断は禁物である。

**問7**　15　正解は ①

ニヒリズムの発生に関する**ニーチェ**の文章の読解問題であるが，ニーチェの思想で有名な「神は死んだ」というフレーズの意味するところを理解していればより解きやすくなるだろう。もしこの世界を神が創造したのであれば，神によって「生成」された人間も含めた全創造物には，何かしら存在する意味や目的が神によって設定されているはずである。しかし**「神が死んだ」時代，つまりこの宇宙，世界の存在を神の存在抜きで説明しようとした場合，宇宙の存在は偶然的なものとなり，あらゆる意味や目的は失われることになり，そういう時代に生きる人間はニヒリズムに陥るだろう**，というのがニーチェのいう「神は死んだ」ということの意味である。資料にあるように**「実際には存在しないひとつの「意味」を探し求め」ても無駄であり，したがって「気力を失う」に至りニヒリズムに陥る**ことになるわけである。これが資料の「ニヒリズムの原因としてのいわゆる生成の目的に関し幻滅することになる」が意味するところである。したがって

**ア**は，「歴史的出来事」の「意味」が解釈の仕方で変わることや「客観的意味を見いだす努力」ということとは関係がないので誤り。

**ウ**は，「科学への信頼が失われる」というのも関係がないので誤り。

**エ**は，「実存としての人間には予め定められた本質がないため，自ら生きる目的を主体的に設定する」が**サルトルの“実存は本質に先立つ”の説明**になっているので消去できる。ニーチェは，ニヒリズムを克服するために価値の創造者として生きる“**超人**”という概念を提唱し，それは自らの生きる意味や目的，価値を力への意志によって自ら創造し続ける生き方である。

**問8**　16　正解は ③

20 世紀の思想家の主張を選択する問題であるが，それぞれの選択肢をみていくと，

**ア**は，原罪を負っている人間は，**自由意志によっては悪しか成しえない**，われわれが正しい者になるには**神の恩寵によってのみ**である，という**アウグスティヌス**の思想であり，アウグスティヌスは4～5世紀に活躍したキリスト教の教父である。

**イ**は，**現存在**である人間を**“世界－内－存在”**とし，われわれが**“死への存在”**であることを常に自覚して本来的自己として生きることを説いた**ハイデガー**の思想であり，20 世紀に活躍した実存主義の哲学者である。

**ウ**は，**「私は何を知るか（ク・セ・ジュ）」という言葉で懐疑主義をあらわし**，つねに反省の態度で真理を探究し続けることを説いた，16 世紀のモラリスト，**モンテーニュ**である。

**エ**は，いかんともしがたい**限界状況**の中で自己の有限性，無力さを痛感し，そこにおいて**超越者（包括者）との出会い**を果たし真の実存を生きるようになると説いた**ヤスパース**の思想であり，20 世紀に活躍した実存主義の哲学者である。

> **Point**　同じ実存主義者でも，キルケゴールとニーチェは 19 世紀に活躍した哲学者であり，20 世紀に活躍した実存主義哲学者としてほかにサルトルがいる。

**問9**　17　正解は ④

大問を通して生徒 A，B，C の対話のテーマが展開され，最後に生徒 A が考えたこと，感じたことをまとめた記事が提示されており，その趣旨を読み取って空欄を埋める問題となっている。

「古代ギリシアでは様々な学問が発達して」いたにもかかわらず，「キリスト教が広まった」と学問と宗教が対比されており，「［ア］のみによって得られる真理とは別の何かが求められていた」とあり，**「［ア］のみによって得られる真理」が「学問」を，「別の何か」が宗教**を指していることが読み取れれば，［ア］は「知性」が選べるであろう。そして

近代以降，知性によって得られる真理として「科学」が発達することを考えれば，[ イ ] は「科学」が適切である。

そして**生徒Aは科学と宗教の関係をめぐる問題が現代でも続いていることに思い至った**ということであるから [ ウ ] は「人間の営為とそれを超える」を選択すべきである。②と⑤の**ウ**「学問的知識で説明できない」は悩むところではあるが，②は**イ**で，⑤は**ア**の選択肢で消去しよう。

> **Point** 大問3のように趣旨選択問題が複雑化しており，最初に提示される会話文から，生徒たちが調べたり学んだりしてどのように意見が変わっていったか，いくつかの会話文，資料などを総合して判断するような問題傾向となってきている。以前に比べ解くのに時間がかかるので，苦手な人は練習して慣れておこう。

**第4問**

**問1** [ 18 ] 正解は④

**古義学**を提唱した**伊藤仁斎**は，『論語』『孟子』を熟読することで古義（もともとの意味）を明らかにし，孔孟の精神を学ぶべきことを主張した。そして**孔子の説いた仁はすなわち愛であるとし，それは日常生活のなかで忠信（偽りなく自己を尽くす）や恕（思いやり）の実践において実現するものと説いた**。こうした仁斎の思想を前提に選択肢の記述をみていけば，④にあるように，仁斎は孔子の言葉のうちに「一般の人が行い易い道」を見出したのではと推測できる。

**問2** [ 19 ] 正解は⑥

絵画資料を使いつつ，中国，唐の時代に流行した**浄土教**が平安中期から日本で広まり，鎌倉仏教へとつながる流れを問う問題である。**ア**に入る「善導」は少々難しいが，「竜樹」がナーガルジュナ，空の思想の人物であることを知っていれば消去法で選択できる。**善導は唐の時代に南無阿弥陀仏の念仏による救済を説き，阿弥陀仏信仰による極楽浄土への往生を説く浄土教を流行させた人物である。阿弥陀仏**は，法蔵菩薩として修行僧だったころに，**一切の衆生が救われるまで自らも仏にならないと48の誓願（弥陀の本願）をたて，修行を完成させ阿弥陀仏となり，西方極楽浄土にて衆生を救うと伝えられている仏**である。その浄土信仰を日本に広めるきっかけの一つが天台宗の僧**源信**が著した**『往生要集』**であり，法然も影響を受けた。**ウ**の選択肢に出てくる空也も浄土教を広めた平安時代の僧で，庶民の間に阿弥陀信仰を広めたことで有名である。

**イ**の選択肢にある「正機」とは仏の教えや救いを受ける素質のことで，言葉としては，親鸞の悪人こそがむしろ救われるとした悪人正機で出てくる。

**問3** [ 20 ] 正解は④

**山本常朝**の**『葉隠』は武士の自覚として死の覚悟と主君への献身を説き，武士道の典型**として有名であるが，江戸時代にはむしろ**儒教の立場から武士のあり方を見直そうとした士道論**が主流であった。**士道論**は封建的身分秩序のもとでの**武士の職分**（社会的役割）を説くもので，代表的人物は古学の提唱者でもある**山鹿素行**であり，素行は**武士の職分は他の農工商とは異なり，人格を修養し三民の模範となり導くことであるとしている**。この問題では，④にある，武士の「**職分**」を知るというところに注目し，これが『葉隠』の**武士道ではなく，士道論の話**だと推測し選択するしかないであろう。

**問4** [ 21 ] 正解は⑧

資料にある国学者の文章が，「よくも悪しくも生まれつきたるままの心」である**真心**を重視しているものであることに思い至れば，**本居宣長**の漢心批判に関するものであろうと推測できるはずである。であれば空欄にあてはまる言葉は，**本居が「もののあはれ」を文芸の本質とし，さらには人間性の本質と**したことからdを選択できるであろう。

**ア**の荷田春満は江戸中期の国学者で，契沖の『万葉集』研究を引き継いだ。

**イ**の賀茂真淵は荷田春満の弟子で，『万葉集』研究を発展させ，本居宣長の『古事記』研究に道を開いた。空欄の選択肢にあるaの「ますらをぶり」は，真淵が『万葉集』に見出したおおらかで男性的な歌風をあらわした言葉で，真淵はこれを理想とした。

**問5** [ 22 ] 正解は④

**和辻哲郎**が倫理の変遷について説明した文章であるが，少々難解である。問題を解くにあたって，和辻が倫理を人間の学と呼び，**人間を個であると同時に社会的存在でもあるととらえ“間柄的存在”と定義し，人と人との関係性に注目した**という前提知識が必要となる。選択肢をみたときに，まず前半部分，倫理の実現において「個人性」と「人間関係の全体性」の関係が問われているが，和辻の**“間柄的存在”という人間のとらえ方から考えれば，「個人性」が「人間関係の全体性」によって規定されているという説明が正しい**と判断できるので①と②は消去できるが，しっかり理解していないと難しいかもしれない。次に，倫理が硬直化した場合に「新たに人間関係が組み替えられる」その経緯を説明している部分が「**固定したものを打破し，背反するものを克**

服して，人間存在の動的連関をその健全な姿に返そうとする運動が，倫理の根源から押し出されてくる」であると読み取る必要がある。これが③の「歴史法則の普遍的運動」ではなく，個々の人間による「運動」であることに気付くことができれば，④の「既存の全体性に埋没しない個人性の意義を活かした人間存在の動的運動である」の意味するところが判明し，これを正解として選ぶことができる。

①②は後半部分も誤りである。

**Point** 和辻哲郎の文章に出てきた「当為」という言葉の意味を知っておこう。現状「〜である」ことに対して，倫理とは「〜であるべき」「〜すべき」という理想を提示するわけであるが，この「〜であるべき」を「当為」という言葉で表現している。つまり「当為の法則」とはあるべき倫理の法則くらいの意味になる。カントの思想でよく使われる用語である。

**第5問**

**問1** 23 正解は③

農林水産省が**アニマルウェルフェア**の内容としてまとめた「5つの自由」の資料と，**自由の概念**に関する問題となっている。

① **自由の二つの意味**として，他人からの強制や制限がないという外的強制の欠如を「〜からの自由」，「消極的自由」といい，自らの意志で主体的に行為を選択するという自由を「〜への自由」，「積極的自由」とよぶ。したがって選択肢の記述にある「積極的自由」は誤りで，「消極的自由」が正しい。

② 資料の(3)「物理的・熱の不快さからの自由」の説明のうちに寒冷対策も含まれているので誤り。

③ カントのいう「自由」は積極的自由の代表的なものである。資料でいうところの「自由」とは異なる。

④ 資料の(5)「通常の行動様式を発現する自由」の説明のうちに「家畜同士が敵対して緊張感が増すことのないよう」留意すべきことが明記されており誤りである。

**問2** 24 正解は②

① **IPCC**とは1988年に設立された地球温暖化を科学的に検証し報告する「気候変動に関する政府間パネル」という国際機関のこと。IPCCの報告書はパリ協定に反映されている。環境対策においては基本的に**予防原則**が採用されており，これは「環境への影響や被害の因果関係が科学的に証明されていない場合においても，予防のための政策的決定を行うとする考え方」なので①は誤り。

② 「**共有地の悲劇**」は，コモンズの悲劇ともいわれるが，参加メンバーがそれぞれの合理性に基づいて自由に行動すると，結果としてメンバー全員の不利益が発生してしまうことを説明する考え方のこと。

③ 「**世代間倫理**」とは，将来世代の生存可能性に対して現在世代は責任を負うべき，とする考え方なので③は誤り。

④ 1997年に採択された**京都議定書**は，温暖効果ガスの削減を先進国に義務づけた取り決めであり，発展途上国に削減義務は課さなかったので，誤り。

「**環境正義**」とは，環境破壊の被害が不平等にもたらされている状況を不正義とし，誰もが公平に安全な環境で暮らせる社会を目指すべきとする理念。1980年代のアメリカにおいて，環境レイシズム（環境的人種差別主義）が起きているとの批判をきっかけに広まった考えで，一部の貧困層や黒人，ネイティブ・アメリカンの人たちに環境破壊による被害が重くのしかかっている状況を改善するための運動であった。現在は環境破壊の被害が発展途上国や貧困層により重くのしかかっている状況に対して，環境正義の実現が主張されるようになっている。

**問3** 25 正解は③

① **パターナリズム**は父権主義や保護的温情主義などと訳されるが，力のある者が，本人の意向を無視して，利益になるからと行動を制限したり干渉したりすることをいう。医師と患者の関係がパターナリズムであるとの批判を受け，患者の自己決定権を重視するために**インフォームドコンセント**，つまりきちんと治療方法などを説明し患者の同意を得るという原則が普及してきた。したがって①は誤りである。

② 「インフォームドコンセントを行う必要はない」が誤り。

④ 実験の方法や手続きは研究者らの研究にとって必要なものとして設定されているであろうことを考えると，参加者の意見に「従う必要」はないであろう。かわりに③にあるように参加者には「途中で参加をやめることも認められ」ていることが，**資料2**の自律性，人格の尊重原則から推測される。

**問4** 26 正解は⑦

心の発達に関して，それぞれ特徴的な学説を唱えた心理学者の理論を問う問題である。

aの**ピアジェ**はスイスの発達心理学者で，子どもが自己中心的なものの見方から脱却し，他者の視点を獲得する過程を「**脱中心化**」と呼び，児童期を重要な段階として位置づけた。したがって「脱中心化」の説明になっている**イ**があてはまる。

bの**ボウルビィ**はイギリスの精神科医で，**人間の，特定の他者との近接を求めようとする傾向を愛着（アタッチメント）**と呼び，この愛着の形成がさまざまな情緒面での発達を支える基盤になるとしてその重要性を指摘した。ボウルビィはこの愛着の形成に関し，乳幼児期の養育者との関係が重要としており，まさに**ウ**があてはまる。

cの**コールバーグ**はアメリカの心理学者で，**道徳的判断の発達段階**を3レベル6段階に区分し，**他者の利害関心を考慮せず，罰を避けることを基準とする段階から，社会的ルールに従うことを正しいと考える段階，広く他者の視点に立って公平な判断を下せるようになる段階へと発達する**とした。したがって「道徳性の発達」を説明する**エ**があてはまる。

dの**G.H. ミード**はアメリカの社会心理学者で，**社会的な自己（自我）形成に関して，他者の態度を内面化し，期待される役割を取り入れることで形成される自我をme（客我）**とし，meを修正しようと独自の反応を示す個人としての自分を**I（主我）**とし，その両者の相互作用が**自己（self）**を形成していくという理論を唱えた。したがって「社会的自我の形成」において「一般化された他者からの期待を身につけていく」というmeの説明になっている**ア**があてはまる。

**問5** | 27 | 正解は ① 又は ② 又は ③
| 28 | 解答番号 27 が ① の場合は ③
解答番号 27 が ② の場合は ④
解答番号 27 が ③ の場合は ⑥

アニマルウェルフェアに配慮して育てられた家畜が幸せであるか否かに関して，**自分の立場を確認し，その主張を行う上でどのような根拠を提示すればよいかを考察する**，という問題である。

⑴で ① を選択した場合，⑵は ① か ③ の選択になる。① は「家畜にも人間と同じく幸福を追求する権利」があるとなっているが，アニマルウェルフェアに配慮することは家畜に権利を認めるということではないので消去できる。したがって ③ が正解となる。

⑴で ② を選択した場合，⑵は ④ か ⑤ の選択になる。⑤ は家畜が幸せか否かではなく，アニマルウェルフェアが畜産業が許容されるための条件のようにとらえられているので誤り。したがって ④ が正解となる。

⑴で ③ を選択した場合，⑵は ② か ⑥ の選択となる。② では家畜が幸福と思っていない場合もありうることになるので，⑴の ③ の論拠にはならない。したがって ⑥ が正解となる。

**Point** 様々な思想家に関する知識を直接問う問題はもちろん出題されているわけであるから用語の暗記は不可欠であるが，その思想家の思想から類推させるような問題も増えている。そういう問題はなんとなくで解けてしまうように思いがちであるが，実はただの暗記ではだめで，理解していることが必要となるので，勉強の仕方が少々異なりやっかいである。暗記だけに終始しないよう取り組んでみよう。

## 第6問

**問1** | 29 | 正解は ①

引用された文章からだけでは，この19世紀の哲学者が誰であるのかを判別するのは困難であろう。**ただ功利主義者のJ.S. ミルが，妻ハリエットと共に女性参政権獲得のために尽力し，『女性の解放』を著して女性差別問題に関する社会の関心を喚起したことを知っていれば，ミルが『自由論』**で主張した「**他者危害原則**」の説明になっている ① が正解であることがわかる。① が他者危害原則であることがわかれば，女性の自由の権利が保障されていない社会に対して女性解放を主張したのであろうと内容から ① を選ぶこともできるかもしれない。

あとは消去法でも正解にたどり着ける。② は共感を道徳の基本原理としたアダム＝スミスの『道徳感情論』であり，スミスは18世紀の人物，③ は生得観念や生得原理を否定してタブラ・ラサを主張したロックの『人間知性論』の一節で，ロックはほぼ17世紀の人物，④ はルソーの『人間不平等起源論』の有名な一節であり，ルソーは18世紀の人物。

**問2** | 30 | 正解は ②

先生の解説から，**「～すべき」という規範を論理的に導く際には，前提にも規範が含まれていなければならない**ということを読み取ることができれば，それほど悩まずに正解を導けるだろう。事実命題から規範を導くことは論理的には誤りである。

①③④ の選択肢の前提には「～すべき」という規範が含まれているが，② の前提には事実命題しかないので，論理的には規範「女性の就労支援にただちに乗り出すべき」は導かれない。

**問3** | 31 | 正解は ⑤

**「人は女に生まれるのではない，女になるのだ」**は**ボーヴォワール**の著書『**第二の性**』の有名な一節である。ボーヴォワールのこの言葉は**ジェンダー**論の先駆けととらえられることもある。ジェンダーとは社会的・文化的につくられた性差のことで，生物学的な性差をあらわすセックスと対置され，フェミニズム運動の基礎理論となっている。

したがって空欄**ア**にはｂがあてはまり，空欄**イ**にはｄがあてはまる。空欄**イ**のｃとｄでは「女性らしさ」や女性が「子育ての中心的役割を担う」など社会的につくられた女性のイメージや性的役割分担が前提とされてしまっている。

空欄**ア**の選択肢ａの**ヴェイユ**はフランスの女性思想家で，労働運動やスペイン内戦に参加した経験と挫折から，深い内省の跡として独自の思想を残した。著書『根をもつこと』『重力と恩寵』など。

**問4** 32 正解は ②

ａの**ノージック**は**リバタリアニズム**（**自由至上主義**）を代表するアメリカの政治哲学者。**自由を絶対的に擁護する立場から，国家による課税や福祉政策などを批判した**。したがって「個人の自由は尊重されなければならない」という立場で記述されている**ウ**があてはまる。

ｂの**ハーバーマス**は，**コミュニケーション的合理性**のもと**討議をつくして合意を作り出していくコミュニケーション行為を重視**したドイツの哲学者。したがって「多様な立場の人が対等に討議し議論を深める場を形成することが重要」とし，「合意」を生み出していくことを記述している**ア**があてはまる。

ｃの**セン**は，**真の開発とは人間の潜在能力の開発であるとし，貧困問題に取り組んだ**インド生まれの厚生経済学者。したがって「それぞれの人が自分の可能性を広げる社会を実現すること」を重視する**イ**があてはまる。

**問5** 33 正解は ③

①は「コミュニケーションがさらに重要になる」という立場の記述であるから，**問4**の**ア**が対応する。

②は「それぞれの可能性を生かすこと」を重要とする立場の記述であるから，**問4**の**イ**が対応する。

③は「伝統を守り伝えていくこと」を重視する立場であり，**問4**の**ア**～**ウ**とは結びつかない。

④は「人々の自由意思をないがしろにすること」を危惧する立場であるから，**問4**の**ウ**が対応する。

**Point** 総じて，読解や考察することを要求する問題が増えている。その前提として知識が要求され，その知識を使って思考することが求められている。暗記に頼りきった勉強では対応しづらい問題を意図的に作成してきているので，実際にこういった問題の量をこなすことで対応力を養っておきたい。